심고 거두며 빛을 발하라

정봉현 지음

Sow, Reap and Shine

크리스천 대학생 청년의 행복하고 성공적인 대학생활관리

전남대학교출판부

Happy Life Management Strategy
for Christian College Students

Sow, Reap and Shine

Bonghyun Jeong (Dr.)
Professor, CNU, Korea

Chonnam National University PRESS

크리스천 대학생 청년의
행복하고 성공적인 대학생활관리

심고
거두며
빛을 발하라

님께

년 월 일

드림

저자의 말

"청년이여 네 어린 때를 즐거워하며 네 청년의 날을 마음에 기뻐하여 마음에 원하는 길과 네 눈이 보는 대로 좇아 행하라 그러나 하나님이 이 모든 일로 인하여 너를 심판하실 줄 알라" - 전도서 11:9

"너는 청년의 때 곧 곤고한 날이 이르기 전, 나는 아무 낙이 없다고 할 해가 가깝기 전에 너의 창조자를 기억하라" - 전도서 12:1

대학생은 대학을 다니는 청년이다. 대학은 학문연구와 교육을 통해 인류와 사회에 기여하는 인재를 양성하는 학문의 전당이다. 대학생은 자신의 비전을 세우고 사회가 요구하는 리더가 되기 위해 열심히 공부해야 한다. 대학생활에서 부딪히는 중요한 과제들은 학업관리, 인간관계, 자기개발 및 인생설계와 진로준비 등이다. 특히 크리스천 대학생들은 미래를 위한 학업설계와 장래준비를 위해서 학문의 전당에서 공부에 충실하고, 크리스천 인생관과 기독교적 세계관을 확립해야 한다.

그러나 대학에서 현실적인 공부와 영적인 신앙활동은 서로 격리되어 이중적인 성격을 갖고 있다. 이것을 어떻게 연결하여 성숙한 크리스천 대학생으로서 어떻게 성공적인 학창생활을 영위할지 잘 모르고 있다. 실제로 대학생활에서 영적인 난관에 부딪혔을 때, 그것을 믿음으로 해결하고 승리하여 온전한 회복을 경험하는 성숙한 신앙생활이 대단히 중요하며 의미가 크다.

크리스천 대학생 청년들은 대학생활에 충실하지 못할 때, 대학생활의 방향과 생활자세가 명확하지 못하다. 이 경우에 학창생활에서 낙담하고 절망적이며 실패하는 대학생활을 보내기 쉽다. 이상의 배경 하에, 저자는 과거 수년 동안 캠퍼스에서 대학생 청년들과 소모임을 구성하여 신앙지도와 생활 상담을 병행했다. 본 서적은 크리스천 대학생들의 행복하고 성공적인 대학생활에 대한 교육 및 지도경험을 근간으로 신앙적이며 성경적인 시각에서 집필되었다.

본 서적은 총4부 11장으로 구성되며, 제1부 대학생의 이해 편은 제1장 대학생의 이해와 과제, 제2장 대학의 본질과 사명을, 제2부 미래를 향한 방향과 설계 편은 제3장 대학생활의 방향과 자세, 제4장 대학생활의 실제 설계 등을 포함한다. 제3부 실천하는 생활의 비결 편에는 제5장 효율적인 시간관리, 제6장 성공적인 학업생활, 제7장 건강한 몸과 마음이 들어간다. 제4부 행복한 인간관계와 만남 편은 제8장 행복한 인간관계, 제9장 좋은 배우자와 인생 만남이 들어있다. 제5부 활기찬 장래생활의 준비 편은 제10장 올바른 직업과 인생항해, 제11장 희망찬 사회생활의 도전 등을 다루고 있다.

서적을 집필한 후에 돌이켜보면 아직도 부족하고 미진한 내용이 많다. 다소 부족한 내용은 추후 지속적인 연구와 노력으로 수정 및 보완할 것을 약속한다. 독자 여러분의 귀중한 소견과 질책은 언제든지 환영한다. 여기에 많은 크리스천 연구자들의 소중한 연구결과가 참조되었으나, 체계상 전체내용을 상세히 기술하지 못한 점은 양해하길 바란다.

본 서적을 통하여 크리스천 대학생 청년들이 대학의 본질을 이해하고, 대학생활에서 무엇을 심어야 할 것인가 결단하고 실천하기 원한다. 대학은 미래를 위한 인생준비와 학문연구의 장소로서 충실한 공부와 학창생활이 매우 중요하다. 이를 위해서 크리스천 대학생 청년들은 자기의 미래비전을 세우고, 장차 사회가 요구하는 존재, 사회발전을 인도하는 청년으로 성장하기 위해서 대학생활을 충실하게 보내야 한다. 이것이 하나님께 영광을 돌리고 개인생활과 지역사회에 하나님의 나라를 확장하는 지름길이다.

이 책을 통하여 크리스천 대학생 청년들이 행복하고 성공적으로 대학생활을 마치고 민족과 세계복음화를 위하여 크게 쓰임 받는 위대한 하나님의 지도자로 성장하길 진심으로 기도한다. 끝으로 본 서적을 출간하도록 인도하여 주신 하나님께 모든 영광과 감사를 드린다.

2013년 6월

용봉골 서재

정 봉 현

성공적인 대학생활을 위한 단계별 점검 항목

단계별	특성	점검 질문내용
1단계	이해	대학생의 의미와 과제를 이해하는가? 대학의 본질과 사명을 파악하고 있는가?
2단계	방향	대학생활의 방향과 자세는 올바른가? 대학생활을 실제로 잘 설계하고 있는가?
3단계	실천	시간을 효율적으로 관리하는가? 성공적인 학업생활을 하고 있는가? 마음과 몸은 건강하고 튼튼한가?
4단계	관계	행복한 인간관계를 맺고 있는가? 좋은 배우자를 만나고 있는가?
5단계	도전	직업관 및 인생관이 분명하고 올바른가? 사회생활에 도전할 준비가 되어 있는가?

목차

Part 3. 실천하는 생활의 비결

Part 4. 행복한 인간관계와 만남

Part 5. 힘찬 장래생활의 준비

"청년이여 네 어린 때를 즐거워하며 네 청년의 날을 마음에 기뻐하여 마음에 원하는 길과 네 눈이 보는 대로 좇아 행하라 그러나 하나님이 이 모든 일로 인하여 너를 심판하실 줄 알라"

- 전도서 11:9 -

Part 1

대학생의 이해

Chapter 1.

대학생의 이해와 과제

- 대학생의 이해
- 대학생의 주요 과제
- 대학생의 추구 내용

제자가 그 선생보다 높지 못하나 무릇 온전하게 된 자는 그 선생과 같으리라. - 누가복음 6:40

젊을 때에 배움을 소홀히 하는 자는 과거를 상실하고 미래도 없다. - 에우리피데스

Chapter 1

대학생의 이해와 과제

대학생의 이해

사람은 일평생 살아가면서 여러 가지 큰 사건을 경험한다. 그 사건마다 신고식을 치르는 것을 보통 통과의례라고 말한다. 예를 들면 사람의 출생신고, 성인식, 결혼식, 장례식 등은 개인이 인간사회에서 공개적으로 치르는 행사들이다. 대학입시도 한국에 태어난 사람이 가장 혹독하게 치르는 통과의례이다. 남은 인생의 모든 것이 대학입시의 성패에 따라 결정되는 사회가 되었다. 그래서 학생은 물론 학부모도 대학입시에 목숨을 걸 정도로 매진하고 있다.

한국사회도 대학입시 열풍의 경쟁구도에서 속히 벗어날 필요가 있다. 이 세상에서 하나님을 모르는 불신자들은 더욱 불쌍하다. 불신자들은 이 땅에서도 입시지옥에 시달리고, 죽어서도 영원한 멸망의 지옥을 경험한다. 하여튼 대학입시에 성공한 학생들은 출애굽에서 젖과 꿀이 흐르는 가나안 땅으로 들어간 심정으로 한창 기대감에 부풀어 있다.

그러나 한국사회 대학문화의 병폐가 바로 여기에서 시작된다는 것은 참으로 안타까운 일이다. 입시공부에 찌들려 살았던 중고생들은 대학에 들어가면 한꺼번에 쌓였던 억압심리와 욕구불만을 해소하려고 많이 생각한다. 이것은 마치 고무풍선의 공기가 팽창할 때로 부풀어 있다가 갑자기 터지는 것과 같다. 그로 인해 대학에서 미래를 위한 인생준비, 계획과 공부에는 매우 소홀하다. 일부 대학생들은 게임과 음주가무에 빠져 있다. 이것이 한국사회 대학의 자화상을 나타내고 있다. 물론 대학을 이 지경으로 만든 기성세대들이 먼저 반성하고 개선시켜야할 사항이다.

그러나 "본질보다 더 강한 원리는 없다"는 말이 있다. 대학생은 무엇보다 대학의 본질이 무엇인지 알아야 한다. 대학의 본질은 연구와 교육을 통해 인류사회에 기여하는 인재를 양성하는 배움의 전당이다. 중・고교 시절에는 대학에 들어가기 위해서 오로지 공부에만 치중하였다. 하지만 대학생은 지금부터 자신의 미래 비전을 세우고, 장차 사회가 요구하는 존재, 사회를 이끌 리더가 되기 위해서 공부해야 한다.

대학생의 주요 과제

• 대학의 학업관리

대학생의 기본 임무는 열심히 공부하는 것이다. 대학생은 자신의 대학생활과 학업성적에 대해서 스스로 책임을 진다. 타인의 간섭을 받지 않는 대학생활에서 학점을 잘 받으려면 평소에 자율적으로 공부하는 습관이 중요하다. 교수마다 강의를 진행방식과 성적을 부여하는 평가기준이 다르다. 강의 첫 시간에는 반드시 출석하여 강의 특성과 수업진행 계획을 면밀히 살펴야 한다.

대학공부의 비결은 스스로 선택한 과목을 즐기며 충실하게 수강하는 것이다. 강의를 잘 수강하기 위해서는 자신이 듣고 싶은 과목을 신청한다. 그 과목에서 받고 싶은 예상학점을 목표로 세우고, 강의계획서를 참고하여 배울 내용을 미리 익히는 습관도 중요하다. 시험에서 좋은 성적을 거두려면 강의내용을 잘 이해해야 한다. 그리고 효과적으로 노트필기를 하고 충실하게 리포트를 작성해서 기한 내에 제출할 필요가 있다. 수강과목의 학습을 통해 공부가 전부라고 생각하면 안된다. 독서와 동아리 등 다양한 체험으로 수업 이외 내용을 공부하고 인간과 세상에 대한 이해를 넓혀 나가는 것이 바람직하다.

• 인간관계

대학생활을 즐겁고 보람차게 보내기 위해 가장 중요한 것은 인간관계이다. 대학생활에서 좋은 인간관계를 맺기 위해서 노력하지 않으면 고립되기 쉽다. 가장 중요한 인간관계는 좋은 친구를 만나 사귀는 것이다. 신입생은 학교행사, 학과 및 동아리 모임에 참여하여 다양한 인간관계를 만드는 것이 중요하다. 주변에 활기차고 좋은 친구가 많을 때, 대학생활은 더욱 즐겁고 풍요로워진다.

친구를 사귐으로서 경험하는 행복의 원천 혹은 고통의 씨앗인 이성교제도 대학생의 특권이자 중요한 과제이다. 교수와 학생 간의 사제관계도 소홀히 할 수 없다. 지도교수를 자주 만나게 되면 대학생활의 어려움을 해결할 수 있다. 지도교수는 인생의 선배로서 인생 전반에 대한 조언을 구할 수 있는 가장 좋은 상담자다. 끝으로 대학생 시절에 흔히 있는 부모와의 갈등을 지혜롭게 해결해 나가는 것도 중요하다.

• 자기개발과 여가활동

대학생은 스스로의 시간을 관리하고 자기생활에 책임지는 중요한 인생의 위치에 있다. 대학생활은 자유시간이 많아 자신의 다양한 역량을 개발하고 여가활동을 유익하게 보내야 한다. 캠퍼스에서 개설하는 다양한 자기개발 프로그램에 참여한다. 교우관계를 확대하는 동아리활동과 삶의 보람을 느끼는 자원봉사활동, 국내・외 여행도 대학시절에 누릴 수 있는 특권이다. 대학생활을 지혜롭게 보내기 위해 적극적으로 활동함으로써 자신의 삶을 한층 더 발전시키는 소중한 기술과 역량을 배양해야 한다.

• 인생의 설계와 진로 준비

대학생활에서 가장 중요한 과제는 앞으로 살아갈 인생의 목표와 방향을 탐색하기 위해서 인생의 설계와 진로를 준비하는 일이다. 대학생 시기는 인생의 비전과 목표를 정립하고, 그 실천방법을 모색하며 졸업 후의 인생을 준비하는 가장 소중한 기간이다.

보통 인생은 중요한 5막의 드라마로 비유할 수 있다. 1막의 주된 목표는 대학입학, 2막은 대학생활, 3막은 대학생활 이후의 사회인으로 활동, 4막은 인생의 전성기, 5막은 직업에서 은퇴하고 노년기를 보내는 삶으로 분류 한다. 인생 드라마는 2막의 대학생활을 어떻게 보냈느냐에 따라 인생의 성패가 좌우된다. 그렇다면 인생을 어떻게 설계할 것인가? 자신의 인생에서 소중하게 추구해야 할 가치를 모색하여 인생 방향을 정립하고, 진정한 인생목표를 세우는 것이 중요하다.

대학생의 4대 과제

- **학업관리** - 자율적 공부, 강의충실, 예습과 복습, 필기와 과제물, 독서모임, 학술 동아리 참여
- **인간관계** - 좋은 친구, 학교행사와 학과모임, 이성교제, 사제관계, 부모관계, 지도교수
- **자기개발과 여가활동** - 자기개발 프로그램, 동아리, 자원봉사, 국내·외 여행
- **인생 설계와 진로준비** - 인생비전과 목표, 실천방법, 단계별 취업전략

대학생의 추구 내용

지적 연단(知)

모세는 이집트 사람들이 가진 모든 지혜를 배웠고 그의 말과 행동에 큰 능력이 나타났다(행 7:22). 대학에 입학하면 자기 전공의 교과과정(커리큘럼)에 접한다. 대학생은 누구나 교과과정에 따라 과목을 수강하여 교육을 받는다. 그런데 오늘날 대학 학문의 토대가 유신론 내지 불가지론이라는 것에 대하여 갈등이 존재한다.

크리스천의 올바른 학문관은 다음과 같다. ① 그 학문이 하나님이 없는 세계에서만 옳은 것이라는 긍정적인 자세를 갖는 것이다. ② "인간의 학문은 우주의 전부나, 초자연적인 영적 세계를 설명해 줄 수 없다"는 한계를 인식하는 것이다. 이러한 학문관을 가지고 크리스천이 열심히 공부하여 지적 연단을 쌓아간다면 학문은 신앙의 좋은 도구가 된다. 하나님이 위대하게 쓴 인물들이 그런 사람들이다. 즉 모세, 바울(행 22:3), 솔로몬(왕상 4:29~30), 다니엘(단 1:4)은 모두 학문에 능한 사람들이었다. 그러므로 그리스도인은 끊임없이 '배우는 마음'을 가져야 한다. 학문을 인생출세의 수단으로 삼지 않고, 하나님의 사람으로 쓰임 받는 도구로 삼아 학문을 연마해야 한다.

* 인격 완성(德)

우리는 모두가 지식이 있는 줄로 알고 있다. 그러나 지식은 사람을 교만하게 하고 사랑은 모두를 이롭게 한다(고전 8:1). 지식과 학문은 좋은 것이나, 거기에 사랑이 없으면 사람을 교만하게 만든다. 오히려 학문은 악인에게 이용당하여 파괴의 수단이 되고 있다. 그것이 오늘날 21세기의 비극이며, 불안과 공포가 된다. 지식과 학문 자체는 개인과 인류를 결코 구원할 수 없다. 따라서 정말 중요한 것은 개개인의 인격이다. 한민족 사상 최초로 인격 혁명을 외친 크리스천 민족주의자인 도산 안창호 선생은 늘 젊은이들에게 이렇게 외쳤다. "그대는 나라를 사랑하는가? 그러면 그대가 먼저 건전한 인격이 되라." 그러면 어떻게 건전한 인격, 즉 사람됨을 이룰 수 있습니까?

신앙을 통한 인격완성 원칙

- 복음을 잘 알아야 한다.
- 신앙적인 교제를 한다.
- 크리스천의 사상을 확립한다.

• 복음을 잘 알아야 한다

복음은 모든 믿는 사람들에게 구원을 주시는 하나님의 능력이다(롬 1:16). 이 말은 인간성 회복을 부르짖는 현대 지성인들에게 매우 중요한 의미를 던져준다. 복음은 인간성의 상실, 비인간화, 인격 파괴의 근본원인과 그 처방이 무엇인지를 가르쳐주는 것이다. 세상 학문, 철학과 인간이 만들어낸 고상한 종교는 파괴된 인격을 약간 수리하고 보수해 줄 수 있다. 그러나 인간을 완전히 회복시켜 줄 수는 없다. 그래서 쿠츠키는 대학시절 철학교수로부터 "철학자 플라톤이 예수 그리스도를 알았다면 어떻게 하였을 것이라고 생각하느냐?"는 질문을 받고 이렇게 대답했다. "그(플라톤)는 이렇게 말했을 것입니다. 이분(예수님)이야말로 바로 내가 찾던 분이요, 이분은 내가 항상 알기 원했던 그 진리입니다." 그렇다.

복음의 중심인 예수님은 참된 진리 그 자체로서 우리를 구원하여 본래 하나님으로부터 받은 참된 인간성을 회복시켜주실 수 있는 분이다(요 14:6). 따라서 무척 바쁘고 할일이 많이 있는 대학시절의 성경 공부에 시간과 물질을 적극적으로 투자하는 것이 필요하다. 오히려 그런 기회가 주어진 것을 말로 다할 수 없는 하나님의 축복과 영광으로 여겨야 한다.

• 신앙적인 교제를 한다

성경을 보면 예수님이 우리에게 새 계명을 주셨다. 우리는 서로 사랑해야 하며, 예수님은 우리를 사랑한 것 같이 서로 사랑하라고 명하신다(요 13:34). 인격은 부딪힘과 만남 속에서 형성되며, 홀로는 불완전하다. 하나님과의 교제도 이웃과의 교제로 완성되는 것이다. 그래서 예수님은 서로 사랑하라는 새 계명을 주셨으며, 에로스의 사랑으로는 불완전하다. 에로스 사랑은 달빛과 같아서 햇빛보다 어떤 면에서는 더 아름답고 꿈결처럼 낭만적으로 보인다. 그러나 달은 태양의 빛을 받지 못하면 그 아름다운 빛을 상실하고 만다. 이처럼 하나님의 사랑 아가페를 알지 못하면 에로스의 사랑은 결국 실망과 상처로 얼룩지게 된다.

아가페의 사랑을 깊이 알아 서로의 삶을 통해서 구체적으로 나누는 법을 배울 때 우리의 인격은 성숙되고 신앙은 성장한다. 따라서 신앙적인 친구와 교제하며, 많은 학우들과 부딪히는 것을 두려워해서는 안된다. 물론 그 교제 속에서 때로는 불편함, 부담감과 실망을 느낄 수 있다. 그러나 그 속에서 나를 연단시키시는 하나님 사랑의 손을 믿음으로 바라볼 때 자신의 인격은 예수님의 아름다운 형상으로 조각될 것이다. 또한 불신자와 교제를 나누려고 할 때 타협이냐? 소외냐? 는 갈등을 느낀다. 예수님을 깊이 배우면, 세상을 멸시하며 스스로의 우월감 속에서 사는 바리새인의 독선에도 빠지지 않는다. 또한 이해와 사랑을 빙자한 인본주의적 타락이라는 두 함정에 빠지지 않고, 교제의 지혜를 습득하게 된다. 세리의 친구요 창녀의 스승이 되셔서 그들의 삶을 거룩하게 하신 예수님을 깊이 배워야 한다.

• 크리스천 사상을 확립한다

다윗은 한평생 하나님의 뜻을 잘 받들다 결국 잠들어 자기 조상들과 함께 묻혔고 그 시체는 썩고 말았다(행 13:36). 크리스천 사상이란 내 인생과 민족, 세계역사와 시대 속에 부여된 하나님의 뜻이 무엇인가를 명확히 아는 것이다. 즉, 성서적인 인생관, 민족관, 세계관, 역사관, 가치관을 확립하는 것을 의미한다.

성서적인 기독교 사상이 없을 때 감정적인 종교적 열정주의(마 7:7, 20~23)에 치우쳐서 영적 이기주의 함정으로 빠질 염려가 있다. 또한 세상의 조류에 휘말려서 죽은 고기가 물결에 쓸려 내려가듯 떠내려간다. 오늘날 크리스천은 어두움(악)의 세력 앞에서 분명한 기독교 사상을 확립하며, 죽음을 각오하고 도전할 수 있는 하나님의 사람이 필요한 시대에 살고 있다.

크리스천은 늘 하늘을 우러러 한 점 부끄럼 없는 자세를 유지해야 한다. 그래서 잎 세에 있는 바람에도 괴로워하면서 모든 죽어가는 것을 사랑하며, 자기에게 주어진 길을 죽기까지 묵묵히 걸어간 윤동주 시인을 좋아한다. 그가 남긴 시를 그의 시비 앞에서 읽노라면 어느새 감격의 눈물이 흐르며 새로운 용기를 얻어 심장이 뛰고 있음을 느낀다.

다윗은 그 시대에 두신 하나님의 뜻을 섬기다 하나님께 갔다. 바울도 자기의 달려갈 길을 달려가며 사명을 완성하기 위하여 생명을 조금도 귀한 것으로 여기지 않고 삶을 살다가 하나님께로 갔다(행 20:24). 예수님도 "오늘과 내일 그리고 그 다음날에도 나는 마땅히 내 갈 길을 가야한다"(눅 13:33)고 말씀하시며 십자가의 길을 가시고 부활하셨다.

우리는 어떻게 이 분들의 발자취를 따를 수 있는가? 굳건한 기독교 사상을 대학시절에 다지고 확립해야 가능하다. 그럴 때 육적인 인간은 영적인 탄생을 거쳐 새 생명이 하나님으로부터 오는 사명을 만나 제3의 위대한 탄생을 한다. 그러므로 대학시절에 하나님이 쓰신 위인들의 전기를 읽고 깊이 연구하며, 사모하는 것은 매우 중요하다.

스포츠 정신의 함양(體)

육체를 단련하는 것은 조금은 유익하다(딤전 4:8). 안창호 선생은 젊은이들에게 "신체를 단련하여 기력을 강장케 할 것"을 늘 권면하였다. 우리는 하나님으로부터 받은 육체를 자기가 난 흙으로 돌아갈 때까지 잘 관리해야 할 청지기이다. 스포츠를 통해 협동정신, 투지, 인내, 경기규칙의 준수(딤후 2:5), 페어플레이 정신을 몸에 익히는 것이 요구된다.

건강한 몸은 삶을 활기차게 한다. 한국인은 몸의 건강을 규칙적인 운동과 정기적인 건강검진으로 주로 관리한다. 건강진단은 질병의 예방과 조기치료를 위한 안전장치이다. 건강진단은 주기적으로 받는 것이 중요하다. 일상생활에서 기본적인 습관으로 건강을 증진할 필요가 있다. 즉 신체를 건강하게 유지하려면 일상생활에서 식생활 습관의 개선, 규칙적인 운동과 숙면 등 습관화된 행위가 필요하다.

평소에 하는 유산소 운동을 즐겨서 신체를 건강하게 만들어야 한다. 일상생활에서 하는 유산소 운동은 몸의 노폐물을 배출시키므로 몸에 아주 중요하다. 유산소 운동은 종류에 구애받지 않으며 평소에 호흡하면서 즐기는 활동이다. 적합한 유산소 운동은 신체건강을 유지하는 가장 좋은 방법이다. 평소에 걷기, 달리기, 자전거 타기 등 유산소 운동을 즐겨야 한다. 이것은 스트레스를 감소시키며 심신의 안정과 체력 증진에 효과적이다.

❀ 건강관리의 10가지 수칙

❶ 새벽을 깨우라. 일찍 자고 일찍 일어난다.

❷ 아침산책을 생활화 하라. 아침산책은 체중조절, 정신평안 및 말씀 묵상에 좋다.

❸ 부지런히 움직이고 30분 일찍 출근하라. 준비된 하루는 자신감을 회복시켜준다. 1주일에 3-4일은 30분 정도 운동한다.

❹ 자신이 하는 일을 사랑하며, 범사에 감사하라. 사랑하는 일은 스트레스를 받지 않는다.

❺ 꿈과 호기심, 탐구하는 자세를 잃지 말라. 두뇌는 사용할수록 젊어진다.

❻ 건전한 스트레스 해소책을 개발하라. 음주, 흡연과 도박은 결국 스트레스를 풀기보다는 더해준다.

❼ 하루 3번 식사를 균형 있게 하고 술과 담배를 피하라. 아침은 죽이라도 먹고 저녁은 다소 줄인다.

❽ 철저히 휴식일정을 잡아라. 일과 휴식에 균형을 잡는다.

❾ 건강과 성공의 분위기를 만들어라. 나보다 훌륭한 사람을 많이 만나고 사귄다.

❿ 부모에게 효도하고 하나님을 사랑하라. 효자는 장수하고 성공하며, 하나님 안에서 내 인생을 다시 발견한다.

다시 생각하기!

질문 1 대학생은 무슨 의미이며, 입학 전·후로 경험하는 대학생활은 현실적으로 어떻게 다른가?

질문 2 대학의 본질은 무엇이고, 대학생은 기본적으로 무슨 일을 해야 하는가?

질문 3 대학생활에서 직면하는 과제에는 무엇이 있고, 학업을 어떻게 관리하는 것이 좋은가?

질문 4 대학생활을 보람 있게 보내기 위해 무슨 인간관계를 맺어야 하는가?

질문 5 대학생활에서 추구할 중요한 내용들은 무엇이며, 대학생은 기독교 신앙으로 성숙한 인격을 형성하고 있는가?

질문 6 신체건강을 잘 유지하기 위해서 무엇을 해야 하는가?

Chapter 2.

대학의 본질과 사명

- 대학의 역사
- 대학의 본질
- 대학의 사명과 역할

하나님이 이 네 소년에게 학문을 주시고 모든 서적을
깨닫게 하시고 지혜를 주셨으니 다니엘은
또 모든 환상과 꿈을 깨달아 알더라. - 다니엘 1:17

인생이란 학교에는 불행이란 훌륭한 스승이 있다.
그 스승 때문에 우리는 더욱 단련되는 것이다. - 프리체

Chapter 2

대학의 본질과 사명

대학의 역사

보통 대학의 기원은 중세에 있으나 대학의 정신은 고대의 아카데미아로 거슬러 올라간다. 플라톤은 B.C. 385년경에 아카데미아를 세웠고, 그 정신은 플라톤의 '심포지움'과 '파이돈'을 보면 알 수 있다. 즉 공동식사와 대화를 통하여 '사랑' 과 '죽음'의 문제를 깊이 다루었다. 플라톤은 아카데미아 입학자격의 목적을 장차 이상국가의 중심인물을 양성하는데 두었다. 입학자격은 철인의 소질을 가지고 진리, 정의, 용기, 절제, 훌륭한 품격, 높은 지조, 향학열, 기억력을 소유한 자들이었다. 중요한 교육목적도 철학의 길을 가르치는 것이었다. 중세에 들어오면서 교수와 학생들이 각각 길드를 만들어 특권을 얻고자 했는데, 그것이 오늘날 대학의 모태가 되었다. 중세 대학의 핵심목표는 인간의 형성으로, 주요 과목은 당시 학문의 여왕이었던 신학이었다.

근세에 르네상스 인문주의 운동, 민족적이고 지방적인 종교개혁 운동에 따라 중세의 교회적 · 사회적 태도가 타파되고 대학의 면모도 바뀌었다. 캠브리지를 중심으로 자연과학의 전성기가 시작되고 아이작 뉴튼 같은 위대한 과학자가 배출되었다. 옥스퍼드-캠브리지에서는 웨슬레 형제의 감리교(methodist) 운동을 비롯해 복음주의 신앙운동이 일어났다. 19세기에 대학은 우주의 근본 원리를 연구하는 기관으로서 사명을 자각하고, 대학의 자유가 철저히 존중되어야 한다는 주장이 발생했다.

그러나 20세기에 진리탐구의 장소로서 대학이념에 변화가 일어났다. 대학은 국가와 사회의 규범을 제시하기 보다는 국가와 사회의 요청에 따라 대학형태가 규정되기 시작했다. 그래서 대학은 정부의 의해 자유가 철저히 제한 받고, 산업사회의 부속품을 일정규격으로 만들어내는 공장처럼 취업의 산실로 변모되었다. 그러면 오늘날 되찾아야할 대학의 본질은 무엇인가?

대학의 본질

칼 야스퍼스는 저서 「대학의 이념」에서 대학의 본질과 기능에 대해 3가지를 말하였다: ① 특정분야에 전문적인 훈련을 쌓아 주는 전문학교의 기능, ② 전인 교육을 목표로 하는 교육장소로서의 기능, ③ 젊은 학자를 양성하는 순수한 연구기관의 기능 등이다. 그는 “상기한 세 가지 기능은 모두가 역동적인 전체내용의 요소가 되며, 이것을 서로 분리시킬 때 대학의 정신은 멸망한다”. 고 말했다. 교육이란 단어는 지식을 가르치는 〈敎〉, 사람의 성정을 양육하는 〈育〉으로 구성되어 지식전수와 인격연마의 두 가지 측면을 가지고 있다. 영어의 Education 이란 단어도 〈e〉 ‘나오게 한다’는 말과 〈duco〉 ‘인도한다’는 말의 합성어로, 사람이 본래 가진 바 양지(良

知), 양능(良能)을 개발해 낸다는 뜻이다. 그러므로 교육은 작품을 완성시켜가는 일종의 예술이다.

일류 최고의 스승이신 예수님이 그의 제자 베드로를 부르셨다. 그리고 "너는 요한의 아들 시몬('모래')이구나. 이제 너는 게바(베드로, 즉 반석)라고 불릴 것이다"(요 1:42)라고 말씀하셨다. 예수님은 모래 같은 시몬을 반석 같은 베드로로 만들어주셨다. 이것이 참된 교육의 의미이자 본질이다. 일제 식민시대 암흑기에 성서조선지를 펴내어 신앙, 애국, 교육으로 살다 가신 김교신 선생은 양정고보 담임시절 입학식 날 이런 말을 남겼다. "이제부터 앞으로 5년간 우리는 일대의 예술 공사를 시작하였으니 중도에 퇴학하는 이는 교육을 도적하는 자요, 예술품을 파괴하는 자"라고 언급하였다. 이제 대학교육의 본질을 상기하면서 크리스천으로서 대학시절에 무엇을 심어야 할 것인가 생각하는 것이 중요하다.

대학의 사명과 역할

> **대학의 사명과 역할**
>
> - 고급인력의 양성장소
> - 고급 학문의 전당
> - 비판적 사고능력의 배양장소
> - 지도자적 인격의 양성 공간

사람은 자기를 속이지 말아야 한다. 하나님은 조롱을 받으실 분이 아니며, 사람은 무엇으로 심든지, 심은 대로 거둘 것이다(갈 6:7). 크리스천 대학생은 소수의 대학인 가운데서도 특수한 사람이기 때문에, 자신의 위치와 사명에 대해서 좀 더 심각한 반성이 필요하다. 대학생이란 특권은 즐기라고 주어진 것이 아니다. 오히려 하나님이 주신 달란트를 잘 개발하여 사랑의 봉사를 더욱 잘하는 것이 중요하다.

• 고급 인력의 양성장소

대학은 어떤 영원한 본질을 가지고 있는 실체가 아니라, 사회가 필요하여 만든 인위적인 기관이다. 모든 사회에는 고급 인력과 지도자가 필요하다. 그런 인력을 양성하지 못하는 사회는 낙후되고 삶의 질을 떨어트린다. 그것은 교회도 마찬가지이다. 아무리 한국 교회가 양적으로 크게 성장했어도 미래의 일꾼을 키우지 못하면, 장차 교회는 쇠퇴하고 만다.

그래서 한국도 막대한 사회적 자본을 투자하여 대학을 세우고, 미래의 고급 인력을 배출하고 있다. 한창 일할 연령에 가장 생산적인 사람들을 모아서 배우고 익히며 생각하고 놀게 한다. 당장 아무 물건이라도 직접 생산하지 않아도 된다. 대학에 많은 투자를 하는 것은 투자보다 더욱 많은 이익을 거둘 수 있다고 믿으며, 과거 경험에서 그런 기대가 이루어졌기 때문이다.

그러므로 대학생은 사회에 대하여 막대한 빚과 책임을 지고 있다. 물론 등록금을 납부하지만, 그것 보다 몇 백배 더 많은 사회 투자가 대학에 이루어지고 있다. 대학에 입학할 정도로 건강, 능력 및 좋은 환경을 가진 사실이 대학생의 책임을 무겁게 한다. 대학생이 특혜와 특권을 단순히 즐기고 책임을 느끼지 않는 것은 바람직스럽지 못하다. 이것은 마치 채무자가 빚을 갚지 않으려는 것과 같은 잘못이며, 그 특혜와 특권 자체도 결국 아무런 소용이 없다. 모든 특권과 특혜에는 반드시 책임과 의무가 따른다. 대학생에게 요구되는 책임은 그 특권과 특혜에 비해 월등하게 크다는 사실을 인식하는 것이 매우 중요하다.

• 학문의 전당

대학생의 기본임무는 공부하는 것이다. 인류의 역사가 길어짐에 따라 인간의 문화적 생산량은 증가하고, 기본적으로 알아야 할 지식의 양도 많아지고 있다. 오늘날 사회의 모든 영역에서 지도자로 활동하려면 알아야 할 기본지식들이 매우 많다. 종교를 떠나서 우선 대학생은 열심히 공부해서, 전 인류의 문화적 유산 가운데서 가장 기본적인 내용을 습득하고, 개인재능을 잘 개발하여 자기 능력을 키워야 한다. 이것은 개인은 물론 사회 및 국가가 요구하는 책임을 완수하기 위해서 필요하다.

공부하지 않는 대학생은 시간을 낭비하고 아무런 소용과 가치도 없는 청년이다. 무능력하게 대학을 졸업하는 사람은 사회자원을 낭비하고 타인의 공부기회를 빼앗는 죄를 범한다. 만약 크리스천 대학생이 공부보다 전도에 더 열중한다면, 그는 대학생 전도자가 아니라, 대학생 자리를 이용하여 전도하는 사람이다. 그 자체가 잘못된 것은 아니지만, 자기 스스로 대학생이라 생각해서는 안된다.

공부하지 않는 대학생은 전도하지 않는 전도자와 마찬가지로 엉터리다. 전도에 전혀 애쓰지 않는 것도 크리스천 대학생으로서 큰 결점이 있다. 하지만, 무조건 전도에만 전념하는 것도 옳은 것이 아니다. 얼마든지 활용 가능한 능력을 개발하지 않고 무능한 사람이 된다면 그 자체로 이미 게으른 종이 되어 있다. 이것은 대학에서 타인에게 전도하거나 하나님 나라의 확장에도 결코 큰 도움이 되지 못한다.

복음전파는 한평생 계속해야 하고, 크리스천의 모든 생활이 전도와 직·간접적으로 관련되어 있다. 이것은 교회봉사나 사회참여에도 비슷하게 적용된다. 교회와 사회가 아주 급박하고 위기적인 상황에 있지 않는 한 교회 및 사회봉사 때문에 공부에 소홀한 것은 결코 칭찬할 일이 아니다. 크리스천 대학생은 더욱 유익한 사람이 되어 사회와 교회를 위해서 소중한 봉사를 해야 한다. 교회와 사회의 상황이 위기적인가 아닌가? 하는 것에 대한 판단은 대학생 스스로 할 수 있다는 공감대를 인정할 필요가 있다.

• 비판적 사고능력의 배양 장소

대학교육의 대부분 내용이 이론적, 추상적이므로 사회 현실과는 구체적이며 직접적인 연관성이 적다. 그것은 결코 약점이 아니고, 장차 더욱 올바르게 현실적이 되기 위한 필수적인 요건이다. 구체적인 현실사회의 배경과 근원을 알고, 현실과 거리를 두어 조망함으로써 현실을 잘 이해하고 개선한다. 여기에는 현실에 대한 대학의 비판적 기능이 나타난다.

대학생은 좀 이론적이고 추상적이어도 좋다. 비현실적인 생각을 하고 그런 것을 주장해도 바람직하다. 그래야 잘못된 현실사회에 대해서 비판적인 시각을 갖게 되고 사회를 개선할 수 있다. 특히 크리스천 대학생은 정치, 사회와 문화 일반에 대해서 더욱 비판적이어야 한다. 이기주의적 원리에서 운영되고 있는 사회 및 하나님 없이 철저히 세속화된 문화도 날카롭게 비판할 필요가 있다.

거짓 권위에 무조건 순종하는 사람들은 앞으로 교회를 갱신하고, 교회의 건강성을 증진하는 데 아무 공헌도 하지 못한다. 다만 대학생의 비판정신은 분명한 잘못을 제외하고는, 주로 관념적인 것으로 남고, 비판적인 안목을 기르는 데 공헌하는 것으로 만족해야 한다. 대학생의 판단은 비판을 실행에 옮기기에는 아직 미숙하고 정보가 충분하지 못하다.

• 지도자적 인격의 양성장소

대학교육은 단순히 전공분야의 학자 혹은 전문가를 키우는데 국한되어 있지 않다. 대학의 사명은 한국사회의 모든 분야에서 지도자적 인격을 양성하는 것이다. 전체 국민 중에서 대학의 입학자가 소수이기 때문에, 대학 졸업생은 하여튼 지도자적인 위치에 있다. 그리고 다른 사람에게 전문지식과 기술에서 뿐만 아니라 일상생활에도 영향을 끼칠 수 있다. 그러므로 다른 사람을 올바른 방향으로 이끌 수 있는 지도자적인 인격과 능력이 배양되어야 한다.

불행하게도, 오늘날 대부분의 대학생이 이것을 충분히 인식하지 못하는 것은 안타깝다. 한국사회와 기독교계에서도 다른 능력의 중요성은 인정하나 지도자적 인격의 가치는 충분하게 인식하지 못한다. 개개인의 능력이 아무리 뛰어난데도, 한국이 아직 선진국이 되지 못하고 있다. 이것은 우선 충분한 지도력과 책임감을 갖고 사회발전을 위하여 자신을 희생하는 사람이 부족하기 때문이다.

특히 한국교회는 오늘날 교회가 가지고 있는 엄청남 힘에도 불구하고 그 힘을 올바로 사용하지 못하고 있다. 기독교계가 한국 사회에 대하여 능히 긍정적인 영향력은 물론 실질적인 봉사를 못하는 것은 자격 있는 지도자가 부족하기 때문이다.

지도자적 인격은 타인보다 더욱 절제, 인내, 이해 및 포용한다. 또한 올바른 판단을 하고 합심하여 일을 수행하게 만드는 능력이다. 이런 능력은 대학교 강의실에서 배양될 수 없다. 친구들과 교제에서, 동아리활동을 하면서, 교회의 봉사활동을 통하여 조금씩 습득하는 것이다. 좋은 친구를 많이 사귀고 다른 친구들로부터 신망을 얻는 것도 향후 하나님과 사람을 위하여 일하는 큰 도움이 된다. 그러므로 이를 위한 여러 활동들은 결코 시간을 낭비하는 것이 아니며, 학생이 배워야할 대학생활의 필수적인 요소이다.

다시 생각하기 !

질문 1 고대 대학의 역사는 어떻게 이루어졌고, 중세에 대학의 모습은 어떻게 변하였는가?

질문 2 오늘날 대학이념에 무슨 변화가 발생하며, 대학의 본질과 기능은 무엇인가?

질문 3 크리스천 대학생은 대학에서 무엇을 심어야 하나?

질문 4 오늘날 대학의 중요한 사명과 역할은 무엇인가?

질문 5 한국 기독교 대학교들은 지도자적 위치로 한국사회에 좋은 영향을 끼치고 있는가?

Part 2

미래를 위한 방향과 설계

Chapter 3

대학생활의 지침과 방향

- 대학생의 활동기조
- 대학생활의 지침
- 대학생활의 주요 방향
- 이상적인 대학생활의 성공원리

오직 여호와를 앙망하는 자는 새 힘을 얻으리니 독수리의 날개치며 올라감 같을 것이요 달음박질하여도 곤비치 아니하겠고 걸어가도 피곤치 아니하리로다. - 이사야 40:31

나약하고 게으르며 목적도 없는 사람에게는 행복한 일이 결코 일어날 수 없다. - 스마일즈

Chapter 3

대학생활의 지침과 방향

대학생의 활동기조

리더십의 개발

대학의 개념을 흔히 상아탑이라 부른다. 이것은 대학이 현실 사회와 동떨어진 채 오로지 순수학문에만 매달리는 다소 전근대적인 개념에서 일컫는 말이다. 오늘날 대학은 순수학문과 더불어 실생활에 적용될 수 있는 실용학문도 중시해야 한다. 대학은 학자 및 사회 각 분야에 필요한 지도자를 양성해야 한다.

대학생은 전공은 물론 지도자에게 요구되는 소양들을 학창생활에서 배우는 일이 중요하다. 중・고교 시절 제한된 인간관계를 떠나 대학에서 보다 폭넓은 인간관계를 경험할 필요가 있다. 그런데 요즘 대학가에 사이버 문화가 확산되어 X 및 N세대를 지나서 M세대 풍조가 확산되고 있다. M세대는 Mobile & Internet 즉 이동통신과 인터넷을 친구로 삼고, Myself(나홀로 공간)를 즐기는 세대이다. 이런 자폐증적 대중문화들이 대학가에 확산되어 대학생활을 통해 다른 사람들을 이끌 수 있는 지도자로 교육받기는 상당히 어렵다. 이러다가 한국사회를 제대로 이끌어갈 지도자를 앞으로 더욱 찾아보기 힘들 수 있다.

1970-80년대 대학생활에서는 암울한 군사독재 정권에 맞서 민주주의를 외쳤고, 모여 진지하게 인생을 논하는 열정도 있었다. 요즘 대학생들에게 이런 모습을 참으로 찾아보기 어렵다. 인간은 사람과 만나고 부딪혀야 사람을 다루고 이끌 줄 아는 지도력을 기를 수 있다. 오늘날 대학사회의 "방" 문화 현상을 보아도 대학가는 하숙방문화에서 원룸문화로 바뀌고 있다. 대학생들은 게임방, 소주방, 비데오방, 노래방, 찜질방 등 자기만의 공간에서 온라인과 사이버상의 가상현실에 빠져있다.

대학생은 학업에 열중하는 것이 기본적인 사명이며 책임이다. 남들이 안할 때 자신만은 차세대 리더가 되기 위한 비전을 키우고, 충실하게 대학생활을 보내는 자세가 중요하다. 이를 테면, 진지하게 자신과 세상을 알기 위해 힘쓰고, 다양한 책과 사람들과의 만남을 통해 풍부한 소양을 쌓는 일에 관심을 기울여야 한다.

* 건강한 대학문화의 정착

• 과도한 음주문화를 탈피한다

오늘날 대학생이 쉽게 접하고 경험하는 것이 대학의 음주문화이다. 이것은 과거나 지금이나 변하지 않는 대학의 고질적인 병폐이다. 신입생 오리엔테이션, 환영회, 동아리 모임, 학교행사 등 대부분의 모임에서 음주가 당연시 되어 있다. 즉 모이면 술이고, 흩어지면 게임방 혹은 노래방이다.

신입생 환영회나 동아리 모임에서 선배의 강요로 인한 폭음으로 사망하는 신입생들이 증가하고 있다. 그 주인공이 자기가 될 수 있다는 생각을 하고 술자리를 각별히 주의해야 한다. 신세대의 장점은 당당하게 자기주장을 펴는 것이다. 아무리 선배가 강요해도 좋지 못한 일에 대해서는 정중하게 사양하고 의견을 피력하는 지혜가 필요하다. 너무 모임분위기에 심취하지 말고 과도한 음주를 슬기롭게 극복해야 한다.

• 무분별한 성문화에서 벗어난다

부끄러운 대학의 자화상을 말하면, 대학생 동거가 대학가 주변의 원룸으로 확산되고 있다. 근래 한국사회가 보도방, 노래방 등 방문화와 더불어 청소년 성매매에 의한 부적절한 내용들이 자주 보도되고 있다. 대학가의 동거 커플도 학생들 사이에서 별로 충격적으로 느껴지지 않고 있다.

심지어는 동거커플 찬성론을 펴는 학생들도 있다. 이들은 동거가 서로 경제적 부담도 줄이고, 적당히 성적인 욕구까지 나눌 수 있는 일석이조의 문화라고 주장한다. 이것은 천박한 경제논리와 프리섹스 풍조의 야합이 만든 문화이다. 오늘날에는 급격한 성개방 풍조로 대학 1-2학년 학생들도 이런 문화에 젖어있다.

대학생은 봄에 꽃을 따버리면 가을에 열매가 없다는 것을 알아야 한다. 실제로 동거커플로 지내다가 헤어진 뒤, 여러 가지 복잡한 일이 생긴다. 결혼을 전·후로 죄책감에 시달리며 사는 경우도 많다. 여성일 경우 더욱 큰 상처를 입을 수 있다는 것을 명심해야 한다.

• 좋은 동아리에서 활동한다

대학에서 선배들은 신입생이 들어오면, 동아리 회원확보를 최대

목표로 삼고 서로 괜찮은 후배를 끌어가려고 혈안이다. 그러나 동아리 하나 잘못 가입해서 대학생활이 완전히 망가진 대학생도 많다. 동아리 활동은 취미생활이 아니며, 대학생활의 연장이다. 모이면 자주 음주만 즐기는 동아리도 있다. 후배와 동료 학우들을 세심하게 챙겨주면서 공부나 인생에 큰 도전과 비전을 심어주는 좋은 동아리도 많다.

좋은 동아리는 자신의 공부와 대학생활에 도움이 되는 모임이다. 좋은 동아리를 선택하기 위한 방법들이 있다. ① 동아리가 무슨 활동을 하는 지 파악한 후에 동아리를 선택한다. ② 순간적인 감정으로 동아리에 가입하지 않는다. 학교에서 어떤 소문이 난 동아리인지 미리 알아보고 가능하면 학과 교수와 상의 후에 가입하는 것도 좋다. 결국 동아리의 선택은 전적으로 학생 자신에게 달려있으며, 그 결과도 자신이 책임져야 한다.

대학생활의 지침

보통 대학생의 약 54%가 자신이 처음 입학한 대학에서 5년 이내에 졸업한다. 그 중에서도 20~30%의 학생들은 졸업 후, 자신의 전공분야와 관계없는 직장에 취직한다. 졸업 후 대학의 전공분야에서 일하는 것이 반드시 성공적인 대학생활을 보냈다고 볼 수 없다. 그러나 소중한 20대에 발생하는 시간과 노력의 낭비는 결코 무시될 수 없다. 따라서 인생의 목표와 계획을 확립하기 위하여 대학생활의 주요 방향을 파악하는 것이 필요하다.

• 분명한 인생목표의 설정

대학생은 학창시절에 인생의 분명한 목표를 설정해야 한다. 대학은 인생설계의 시발점이며 과정으로서 종착역이 아니다. 단지 성인으로 부모의 그늘에서 벗어나 자신의 삶을 찾아가는 시작단계이다. 교수 및 좋은 친구 의견에 귀를 기울인다. 그래서 학생 자신이 어디로 가고 있는지?, 궁극적인 삶의 목표는 무엇인지? 끊임없이 탐구하는 것이 좋다.

배움의 시기는 인생의 한 순간으로 정해져 있다. 차후 결혼하여 가족을 이루고 자식을 키우면 더 이상 여유롭게 배울 시기가 없다. 그래서 배움의 열정을 간직하고 시간의 소중함을 헤아려야 한다. 일상의 성공과 실패에 너무 조급하지 말고, 멀리 보고 크게 살아가는 삶의 자세가 소중하다. 이를 테면, 국제교환학생프로그램(foreign study program)을 통해 세계의 다른 대학생활을 경험하는 것도 중요하다.

• 학생 간 네트워크의 구축

대학에서는 전공수업뿐만 아니라, 앞으로 동일한 분야의 비즈니스 상대자를 만날 수 있는 학습과 경험의 공간이다. 미국에서는 명문대일수록, 학생간의 다양한 인종구성, 올바른 성비율, 다양한 인격의 성장을 갖춘 지식인을 선호한다. 아이비리그를 포함한 미국내 명문대학들은 단순한 대학수능시험(SAT Ⅰ) 및 고등학교 평점(GPA)의 고득점자를 원하지 않는다. 오히려 모든 방면에 탁월하고 다른 사람과 잘 어울리는 특별한 지도자를 필요로 한다. 다민족 구성원으로써 미국 대학생은 세계 각국에서 온 다양한 학생과 올바른 교우 관계를 구축하려고 더욱 노력한다.

세계적으로 성공한 사람들의 가장 큰 공통점은 국제 무역에 능동적으로 대처한 것이다. 대학은 비단 학문의 장이 아닌, 뛰어난 젊은

이가 모여 풍요로운 미래를 준비하는 사교와 경험의 장소이다. 크게는 졸업 후, 대학 때 친구들의 인맥을 이용한 사회 활동, 작게는 대학생활 동안 동고동락하며 같은 목표를 향해 가는 좋은 학우를 사귀는 것이 중요하다.

• 교수 · 상담자와 관계 형성

대학생은 훌륭한 교수 및 상담자와 좋은 관계를 맺어야 한다. 이것은 학창생활 동안 성공적인 학점관리의 토대가 되고, 졸업 후 자신이 원하는 직장에 취직하는 데 도움이 된다. 그래서 행정실 직원, 교수 및 조교를 업무시간에 방문하여 자신을 소개하고 조언을 구한다. 이것은 학생을 알리고 자신의 인성과 생활 자세를 보여주는 좋은 기회이다.

자신의 전공분야에서 열정적으로 공부하면, 성공적인 대학생활을 도모할 수 있다. 대학에서 동아리 또는 학생회 활동을 통하여 사회적인 경험을 습득한다. 대학교수 및 선배와 교류를 증내하여 시대적인 상황과 동향을 잘 파악할 수 있는 안목과 식견을 기른다.

• 충실한 시간 관리

시간은 누구에게나 공평하고 동일하게 주어지며 다시 반복되지 않는다. 일회성의 시간은 돌아오지 않으므로 시간을 잘 관리해야 한다. 주간, 월간 및 년간 목표를 세우고 이를 실천하는 시간관리 전략은 대학에서 습득하는 중요한 경험이다. 일부 대학생은 부모의 경제적 부담을 덜어주고 다양한 아르바이트를 하며 학교생활에 충실하고 있다. 물론 기특한 일이며 올바른 독립심을 기를 수 있는 계기가 된다.

하지만, 자신의 전공 및 평생 직업에 무관한 여러 종류의 아르바이트에 매달리는 것은 시간을 낭비하는 것이다. 어느 정도의 사회경험도 대학 졸업 후, 완연한 성인이 되기 위해 필요한 과정이다. 그러나 대학생의 기본임무와 자세는 열심히 공부하는 것이다. 많은 미국 대학들은 한국의 대학들처럼 학점이 관대하지 않다. 한국, 중국, 일본의 고등학생들은 고교시절에 치열하게 공부하여 대학에 입학한다. 하지만 실제적인 대학생활은 미국의 대학생보다 다소 여유롭고 한가롭다.

미국교육의 실정은 판이하게 다르다. 대학 입학 전까지 수험생들은 하루 3~4시간 정도 자면서까지 명문대학교 입학에 매진하지 않는다. 일단 대학입학 후에 다양한 과목을 수강하고 많은 과제물을 소화하면서 자신의 미래를 설계하기 위한 경험을 쌓아간다. 그렇게 자신의 전공에 4~5년간 몰두하며 미래를 준비하므로, 미국의 대학생활 및 학점관리는 아주 까다롭고 엄격하다. 자기 전공분야의 인턴쉽 등을 제외하고는 전공공부에 충실해야 한다. 그리고 열심히 공부해서 좋은 학점을 유지해야 원하는 직장에 취업하고 대학원에 진학할 수 있다.

• 인턴쉽의 활용

인턴쉽은 임시적으로 직업을 수행하는 직업이다. 이것은 대학생이 직업분야에 대한 자신의 적성을 발견하고 실무경험을 쌓는 좋은 계기가 된다. 인턴쉽은 성공적인 대학생활에 필수적인 요소이다. 대다수 대학생은 자신이 무슨 분야에 재능이 있고 일평생 무슨 직업을 가져야 할지? 많은 고민을 한다. 어려서부터 확고한 목표와 계획 속에서 뒤를 뒤돌아보지 않고 달려왔다면 문제가 적다. 하지만, 대부분의 1~2학년 대학생은 전공과목을 명백한 동기가 없이 선택하는 경향이다.

20대의 대학생들은 다양한 일을 경험하여 배우는 것이 중요하다. 20대에는 하루하루가 소중한 나날이지만, 그만큼 여러 가지 일을 경험하는 것도 장래인생에 도움이 된다. 인생설계와 생활에 무엇이 도움이 되며 해로운 지 적극적으로 파악할 필요가 있다. 유명한 교수의 강의나 선배의 충고보다 자신이 직접 체험해보고 확인하는 것이 가장 현명하다. 이를 테면, 화학・생물학을 전공하면서 치대를 꿈꾸는 학생에게 별다른 인턴 제의가 없다면, 치과에서 간단한 사무직 일이라도 해본다. 치과의사의 직업행로에서 험난한 장애물은 무엇이 있는지 파악할 수 있다. 건축학도는 긴 여름방학 동안에 건축회사에서 임시직으로 인턴십을 경험해보는 것이 좋다.

세계화 시대에 학업에 영향을 미치는 직장을 가지려면, 최소한도 자신의 평생 미래직업에 대하여 다시 검토한다. 미국 대학처럼 한국의 대학에도 산학협동과목(co-op program)이 있어서 이를 잘 활용하는 것이 좋다. 이를 통하여 직업분야에 대한 실무경험을 쌓고 자신의 적성을 발견할 수 있다. 대학성적이 우수한 학생이 사회에 나가 직업에 잘 적응하고 성공한다는 보장이 없다. 인턴십은 미리 졸업 전에 무엇을 사회에서 배울지 파악하고 자신의 장단점을 파악하도록 올바른 학습 동기를 가져온다. 좋은 기업에서 하는 인턴과정은 졸업 후 유리한 입장에서 취직하는 데 도움이 된다.

• 낭비・방탕한 생활의 탈피

고등학교 학생들은 여전히 수동적이며 독립심이 약하다. 고교생이 완연한 성인이 되었다고 착각하며, 처음으로 독립적인 개인생활을 시작하는 장소가 대학이다. 법적으로 자신을 책임질 수 있는 연령층이지만, 자신이 성인라고 생각하는 것은 착각일 수 있다. 성인의 자유와 권리는 책임과 의무가 확보되어야 보장된다. 대학교는 고등학교와는 달리 동료집단의 사회적 압력(peer pressure)속에서 방황하며 허송세월을 보내고 범죄의 늪으로 빠질 수 있는 위험한 장소이다.

어느 설문조사에 따르면, 52%의 남녀 학생들이 대학을 입학한 후 1년 안에 술을 마신다. 우리나라 대학생의 음주량은 증가하는 추세에 있다. 동아리 및 학과의 신입생 환영회를 보면, 많은 대학생들이 과음과 폭주를 다반사로 하고 있다. 학업스트레스, 장래 불안감 및 인간적 소외로 흡연하는 대학생도 증가하고 있다. 일부 학생들은 게임중독, 마약복용, 성적 타락증에 휩싸이고 만다. 과도한 음주와 마약은 단연코 거부할 수 있어야 한다. 대학재학 시절에 주위의 가까운 친구와 선배로부터 과도한 음주는 물론 마약복용을 권유받을 수 있다. 처음에는 어렵겠지만, 뚝심을 발휘하여 거절하고 나중에 마약하는 친구가 있다면 도와주어야 한다. 아직도 대다수의 대학생들은 학교생활에 충실하며, 밝은 미래를 준비하면서 성실하게 열심히 대학생활을 영위하고 있다.

✻ 성공적인 대학생활의 중요지침

❶ 인생의 목표를 분명히 설정한다.
❷ 학생 간 네트워크를 구축한다.
❸ 교수 및 상담자와 좋은 관계를 맺는다.
❹ 개인시간을 충실하게 관리한다.
❺ 대학의 인턴쉽 제도를 활용한다.
❻ 낭비적이며 방탕적인 생활에서 벗어난다.

대학생활의 주요 방향

• 인생의 구주와 주인을 만나라

사람은 인생을 살아가면서 3가지 중요한 만남이 있다. 첫째 만남은 나를 낳아주신 어머니와의 만남으로 운명적인 것이다. 둘째 만남은 사랑하는 배우자를 만나는 상대적인 만남이다. 첫째와 둘째 만남을 통하여 사람들은 인생에서 불행 또는 행복을 경험한다. 그러나 캠퍼스의 대학생이 꼭 한번은 만나야할 필연적인 셋째 만남은 내 인생의 구주이신 예수 그리스도와의 인격적인 만남이다. 인류사에 빛을 남긴 많은 사람들은 셋째 만남을 경험한 사람들이다. 선교단체, 교회 및 크리스천 친구들은 내 인생의 주인이신 예수님을 더욱 깊이 경험적 또는 영적으로 만날 수 있도록 도와준다.

• 자신의 정체성을 확립하라

크리스천은 하나님의 자녀로서 하나님의 통치를 받는 거룩한 백성이다. 크리스천 대학생은 대학에서 생활하지만, 이에 앞서 하나님의 거룩한 백성, 택하신 족속, 왕 같은 제사장이다. 그래서 음주, 성적 타락 및 동아리 선택도 하나님의 백성이란 사실 하나만 인정하면 거칠 것이 없다. 대학생활에서 일부 왕따를 당하더라도 신앙만은 견고히 유지하겠다는 각오를 다지면 결국 승리하게 된다.

• 인생의 비전을 발견하라

비전은 개인을 향한 하나님의 꿈이다. 비전의 시각에서 보는 세계관은 하나님의 시선으로 세상을 바라보는 바른 관점이다. 인생의 주인 되신 예수님을 위하여 하나님이 내게 주신 소명, 사명과 은사가 무엇인지 발견하여 사회, 국가와 세계를 섬기는 비전을 캠퍼스에서 발견하는 것이 중요하다.

어떤 의미로 보면, 학창시절에 비전을 발견하기 보다는 하나님의 부르심에 사로잡히는 것이다. 다시 말해, 모세, 바울, 다니엘 및 이사야처럼 하나님의 소명에 사로잡히는 인생이 비전이다. 교회와 기독교 선교단체는 자기를 향한 하나님의 꿈인 비전을 바르게 발견할 수 있도록 도움을 준다.

• 신앙의 열정과 비전을 실천하라

대부분의 크리스천 대학생들은 교회 및 선교단체의 여름수련회를 통하여 영성회복 및 영적 재충전의 시간을 가진다. 오늘날 한국 대학에는 약60~70만명 정도의 크리스천 대학생들과 기독교를 선호하는 대학생들이 있다. 그런데도 왜 대학문화는 점점 병들어가고, 대학생들의 가치관은 점점 더 세속화되어가고 있는가? 대학생 크리스천들은 왜 힘을 쓰지 못하고 오히려 더욱 소수인으로 전락하고 있는가?

지금이야말로 대학에서 영적, 도덕적 대각성운동이 필요한 시기이다. 미국이 도덕적, 정신적, 영적으로 타락하여 심히 어려울 때 하나님은 Samuel John Mills Jr.와 그의 네 친구들을 통하여 캠퍼스 대각성운동인 "건초더미 운동"을 일으켜 미국의 대학을 살렸다. 이것이 대학생 선교자원운동(SVM)으로 발전하여 세계를 변화시키는 역사를 이루게 하였다. 더불어 미국은 세계강대국으로 부상하였다. 18세기 초 웨슬리 형제와 2명의 옥스퍼드 학생들이 시작한 Holy Club은 영국을 개혁하고 죄와 암흑에서 복음주의 운동으로 발전하여 영국을 위기에서 건졌다. 오늘날 한국 대학에도 이러한 운동이 일어나길 다시 기대한다. 대학에서 복음운동과 선교운동은 절대적인 의미와 가치를 가지고 있다.

• 시대적 사명을 발견하고 꿈을 설계하라

Gordon대학의 chapel책임자인 Gary Stratton박사는 신앙적인 측면에서 대학의 중요성을 피력하였다. "현대 교회사에 있어 모든 선교운동과 각 세대에 일어난 교회지도자 대다수는 캠퍼스에서 일어난 부흥의 산물이었다고 말하는 것은 결코 지나친 일이 아니다". 기독학생운동 사가인 C.P. Shedd박사도 "역시 청년 대학생들이야말로 세계복음역사 창조의 핵심세력이었다"고 말했다.

모든 시대에 있어서 위대하고 창조적이며 신앙적인 사상들은 지적이고 영적인 젊은이들이 이룩한 업적이다. 이러한 사실은 예수님, 성 프랜시스, 사보다롤라, 로욜라, 후스, 루터, 에라스무스, 웨슬리, 그리고 John Mott 등의 이름에 의하여 증명되었다. 가장 혁명적인 사상들 가운데 상당수는 30세 이하의 젊은이들이나, 때로는 18~25세 사이의 젊은이들에 의하여 이루어졌다."고 언급했다. 이것은 대학시절 하나님의 부르심과 시대적 사명의 인식이 얼마나 중요한가?를 반증하고 있다.

해방 이후 한국민족에게는 3가지 해결해야 할 아픔과 과업이 있었다. 그것들은 경제적 빈곤문제, 민주화, 통일한국과 세계복음화였다. 통일한국과 세계복음화는 아직도 풀어야할 마지막 과업이며 오늘날 크리스천 대학생이 감당해야할 남은 사명이다.

헤르만 프랑케 교수는 독일교회에서 경건주의가 중요한 운동이 되고 기독교 역사에 중요한 위치를 차지하게 만들었다. 그는 대학시절에 회심을 체험하였고 경건주의 운동의 샘터인 Halle대학을 중심으로 약 6천명의 신학자, 목회자, 교사, 선교사, 자선사업가 등 영적 지도자를 양성하였다. 그리고 교육과 자선사업, 성경보급운동과 세계선교 등 놀라운 일들을 수행했다. 무엇보다도 그는 후에

3,000명의 선교사를 파송한 Moravian Mission을 창설한 진젠돌프를 탄생시킨 학문적이며 영적인 스승이다.

프랑케 교수가 이처럼 그 시대에 위대한 일을 할 수 있었던 원동력이 무엇인가? 그것은 그가 킬(Kiel)대학을 다닐 때 3가지 주제를 가지고 성찰하며 대학시절을 보냈기 때문이다. ① 나는 어떻게 참 경건에 이를 수 있는가? (신앙). ② 어떻게 학문의 높은 수준에 이를 수 있는가? (학문). ③ 배운 것을 어떻게 효과적으로 유용하게 다른 사람에게 나누어줄 수 있는가? (사명).

결국 그는 신앙과 학문의 양면성 가운데 그 시대의 사명을 인식한 사명인이 되고자 대학시절에 이미 뜻을 품고 결단했다. 그러므로 대학시절을 어떻게 보내야 하는 것이 개인의 일생, 시대, 국가 및 역사에 끼치는 영향은 매우 지대하다.

시대와 국가에서 신앙과 학문의 양면성을 갖춘 창조적인 지성인과 사명인의 중요성은 매우 크다. 이러한 사례들은 이스라엘의 민족지도자이며 구약 모세오경의 저자인 모세, 신약 13권을 기록하고 1세기 세계교회의 기초를 놓은 사도 바울, 기독교 천년왕국과 대학의 신학적, 이념적인 기초를 놓은 성 어거스틴, 종교개혁가인 마틴 루터와 칼빈 등의 생애에서 증명되고 있다. 따라서 21세기 한국의 선교시대와 제3의 창조시대를 이루기 위해 한국대학에서 지성(학문)과 신앙 양면성을 균형 있게 발전시키는 창조적인 지성인들이 많이 배출되어야 한다.

• 개인과 역사의 발전을 위해서 학문에 정진하라

미래학자 앨빈 토플러는 "21세기를 리드하는 국가의 궁극적인 힘은 정보, 기술과 지식자본에 있다"고 말하였다. 역사적으로 오늘날 누릴 수 있는 첨단기술문명과 다양한 문화는 바로 대학과 함께 발전되었다. 왜냐하면 대학은 문화를 형성하고 있는 모든 지적, 정신적, 영적인 가치를 소중히 가진 문화의 작은 우주이다. 또한, 인류문명의 모든 역사적 유산을 간직해온 학문의 전당이기 때문이다.

그래서 많은 역사학자들은 “대학은 국가의 심장이며 미래를 이끌 인재의 산실”이라고 말했다. 한국과 세계의 미래는 대학을 다니는 지성인들의 몫이다. 크리스천 대학생들은 믿지 않는 대학생보다 더 열심히 전공학문을 공부해야 한다. “아는 것이 힘이다”라는 평범한 프란시스 베이컨의 한 마디가 오늘날까지 수백년 동안 앵글로 색슨족들이 세계를 지도하는 계기를 만들었다. 세계화 시대에 건강하며 생명력 있고 창조적인 지성인들이 많이 나올 때, 한국도 세계를 리드할 시기가 도래할 것이다.

성경 잠언에서 볼 때 대학은 “지혜의 집”이다. 지혜로운 사람은 훈계를 할수록 더욱 지혜로워지고 의로운 사람은 학식을 가르칠수록 학식이 더할 것이다(잠 9:9).

• 선교단체와 교회 간 균형관계를 잘 유지하라

대학 캠퍼스에는 훌륭한 기독교 계통의 학원선교단체들이 많다. 대표적으로 한국대학생선교회(CCC), 한국누가회(CMF), 제자들선교회(DFC), 빛진자들선교회(DSM), 세계로선교회(ENM), 기독대학인회(ESF), 한국기독학생회(IVF), 예수제자운동(JDM), 전국기독학생면려회(SCE), 학생신앙운동(SFC), 대학생성경읽기연구회(UBF), 예수전도단(YWAM) 등이 있으며, 상당수 크리스천 대학생들이 활동하고 있다. 선교단체에는 영적, 성서적으로 잘 훈련된 선교사(간사)들이 있어 대학 생활동안 좋은 신앙의 동반자 역할을 담당한다. 선교단체를 통해 배출된 훌륭한 신앙의 선배들과 교제할 수 있다. 그런데 간혹 크리스천 대학생들이 출석교회와 선교단체 간에 갈등을 느끼고 있다. 대학 선교단체는 교회보다 더욱 전문적인 선교 또는 양육 프로그램들을 운영한다. 선교단체는 순수한 신앙열정을 가진 대학생들로 구성되어 상대적으로 더욱 아름답게 보인다.

그러나 선교단체가 기성교회의 활동과 유사하지는 않다. 교회와 선교단체는 서로 상호 보완적인 관계에 있다. 선교단체는 각 분야별로 독특한 전문성을 갖고 활동하고 있다. 예를 들면 대학선교단체는 학원선교에, 문화선교단체는 문화선교에 중점을 두고 활동한다. 그러나 교회는 선교단체에 비해 종합적·총체적인 그리스도의 몸으로서 그 사명을 감당하는 공동체이다. 그러므로 교회와 선교단체 간 바람직한 관계를 유지하는 것이 필요하다. 이를 테면, 선교단체를 통해 전문적인 사역들을 잘 훈련받고, 각자 교회 안에서 개별 지체로서 아름답게 봉사한다. 이를 통해 하나님이 교회에 부여하신 사명을 열심히 감당하는 것이 중요하다.

• 인생의 동역자를 만나라

대학생활에서 인생의 중요한 동역자를 만나는 것은 인생을 풍요롭게 만든다. 선교단체에는 주안에서 아름답고 순수한 친구, 선배와 후배들이 있다. 한 영혼을 소중하게 여기는 동역자를 만나는 감격이 있다. 캠퍼스에서 작은 소모임과 활동을 통하여 우리의 삶을 풍성하게 만드는 동역자를 만나는 것은 소중한 평생의 자산이다. 평생의 배우자를 동역자들 중에서 만나는 사람도 있다. 전국적인 대학선교단체는 전 세계적으로 네트워크화 되어 있고 국내외에 걸쳐서 가장 인적 자원이 많은 공동체이다. 캠퍼스에서 경험하는 선교단체의 생활은 단순히 개별대학교에 머물지 않는다. 오히려 국·내외 대학교의 동역자를 만나는 축복의 통로가 된다.

헬라어에는 시간을 나타내는 두 가지 종류의 단어가 있다. 하나는 흘러가는 시간을 의미하는 크로노스의 시간이고 또 하나는 기회의 시간을 의미하는 카이로스의 시간이다. 모든 사람들에게 크로노스의 시간은 공평하게 주어져 있다. 그러나 어떤 사람은 흘러가는 시간 속에서 의미를 찾고 기회를 만들며 최선의 시간을 창출하는 카이로스의 시간을 지혜롭게 보내고 있다. 대학생은 켐퍼스에서 보내는 4~5년의 기간을 기회의 시간으로 만들어야 한다. 학창시절에 개인시간을 최적화의 시간으로 만들어 나가는 카이로스적인 삶을 영위해야 한다.

• 이단집단의 동아리에 각별히 주의하라

이단은 우는 사자처럼 겉으로는 양의 가죽을 쓰고 속으로는 노략질을 하는 사이비 집단이다. 대학에서 흔히 "예수", "성경", "크리스천"등을 말한다고 해서 모두 건강한 기독교가 단체가 아니다. 민족종교를 앞세우거나, 모든 종교를 통합한다고 하면서 감언이설을 늘어놓는 종교들을 특히 조심해야 한다. 그들은 대학생을 친절하게 대하며, 그런 동아리에는 때때로 간혹 학과에서 인정받는 선배들이 있다.

그러나 거기에 미혹의 함정이 존재한다. 특히 대학에서 주의해야 할 종교집단은 "신천지" 및 국제크리스천협회라는 "JMS 정명석 집단" 등이다. 신천지는 기존 크리스천 대학생에게 친절하게 접근하고 사귀어 신천지 집단으로 나중에 유혹한다. JMS 집단은 대학에서 비공식 응원단을 중심으로 활동한다. 다른 이단집단에는 증산도,

✽ 크리스천 대학생의 주요 생활방향 📖
❶ 인생의 구주와 주인을 만나라.
❷ 자신의 정체성을 확립하라.
❸ 인생의 비전을 발견하라.
❹ 신앙의 열정과 비전을 실천하라.
❺ 시대적 사명을 발견하고 미래의 꿈을 설계하라.
❻ 개인과 역사의 발전을 위해서 학문에 정진하라.
❼ 선교단체와 교회간 균형관계를 유지하라.
❽ 인생의 동역자를 만나라.
❾ 이단집단의 동아리에 각별히 주의하라.

안상홍 하나님의 교회 및 통일교 계열의 원리 연구회 등도 있다. 성경은 그들과 논쟁하는 것을 피하라고 권면한다. 그 만큼 사이비 이단종교의 속임수는 대단하다. 혹시 이상하게 느껴지거나 미혹하는 종교동아리를 만나면, 공인된 기독교 선교단체의 간사(목사) 혹은 출석교회의 목사에게 조언을 구하는 것이 좋다.

이상적인 대학생활의 성공원리

과거 Washington Post지 인터넷판에 "성공적인 대학생활을 위한 10가지 신기한 방법(10 mostly weird ways to succeed at college)을 Jay Mathews 기자가 소개했다. "가장 이상적인 대학 생활의 내용은 무엇일까?" 하는 질문에 관한 사람들의 대답은 다양했다. 대학에서는 강의수강과 시험결과에 따라 학점을 받는 일을 7~8학기 동안 반복한다. 그런데 이상한(weird) 방법을 통하여 대학생활을 성공적으로 마칠 수 있다는 착상 자체가 '신비로운' 조언이다.

• 학교 성적보다 배움을 중요시 하라

상당수 대학생은 장학금을 받기 위하여 단지 시험공부에 매달린다. 아주 평점이 높지만 졸업 후 유학생활에서나 취업한 직장에서 잘 적응하지 못하는 경우가 많다. 대학시절에 '배우는 공부'를 하지 못하는 것은 후회스러운 일이다. 대학공부에 너무 암기식으로 치중하면, 문제해결 또는 비판적 사고능력을 향상시키지 못한다.

대학시험에 조금 응용문제가 나와도 답안을 수월하게 작성하지 못한다. 아직도 많은 과목의 시험문제가 암기위주로 출제되고 있다. 이것은 아쉬운 현상이고 개선되어야할 대학교육의 현실이다. 대학시절에는 단편적인 암기위주의 공부 방식에서 탈피해야 한다.

• 책의 모든 내용을 읽으려고 매달리지 말라

독서할 때 많이 읽는 것이 필요하다. 가급적 서적의 첫 장부터 마지막장까지 모든 내용을 읽는 것은 좋다. 그럴 시간이 없다면 대각선으로 읽되 반드시 요약해서 써보는 습관을 길러야 한다. 모든 것을 읽으려고 전적으로 매달리는 것은 좋지 않다.

• 교수와의 인간관계에 집착하지 말라

과거 대학생활에서 교수와 면대면 대화를 나누는 것은 아주 어려운 일이었다. 교수는 매우 권위적이고, 학생이 교수 앞에 서면 당황하고 위축되는 분위기였다. 요즈음 대학생은 원하는 시간에 연구실을 방문하여 교수와 대화할 수 있다. 학생 자신이 편하게 email로 알리거나 질문도 가능하다. 일부 대학생은 email, 전화 혹은 방문으로 교수와 친해져서 좋은 학점을 받을 수 있다고 추측한다. 직장시험에 응모할 때 추천서도 쉽게 받을 수 있으리라 생각한다. 학생이 너무 교수와의 인간관계에 집착하는 것은 좋지 않고, 자신의 독창적인 자발성을 저하시킨다.

• 전공분야 대형 연구과제에 집중하라

어떤 학생은 대학에서 자신의 전공영역보다 다른 분야에 관심을 두고 많은 시간을 낭비한다. 화학을 전공하는 학생이 소설에 많은 관심을 가지고 있다. 그래서 틈만 나면 소설을 읽거나 습작을 할 수 있다. 대학 4학년 때에 취업을 준비하면서 소설분야를 포기할 수 있다. 이 학생은 자신의 전공학문은 물론 소설에도 성공하지 못해 어정쩡한 상태에 놓여 있다. 그러므로 대학생은 여러 분야를 산만하게 접하기 보다는 관심 있는 전공분야에 매달리는 것이 효과적이다. 대학에서 큰 연구과제를 수행하려는 노력과 경험은 소중하다. 대학에서 자신의 전공과 다른 분야의 지식을 동시에 쌓기는 현실적으로 어렵다.

• 우선 진솔한 친구를 사귀어라

친구로 인해 적잖은 시간을 낭비하는 대학생이 많다. 친구는 무엇보다도 우선적으로 상대해야 할 존재이다. 대학시절이나 직장에서 진솔한 친구를 만나는 것은 인간관계에서 매우 중요하다. 단순히 친분관계가 있는 친구는 알고지내는 정도이다. 대학과 사회에서 일을 수행하다 보면 진솔한 친구의 조언과 도움이 절실하다. 사람들은 사소한 이해관계에 따라 매우 친한 것처럼 대하며 행동한다. 인생의 문제를 상의하고 사소한 일상생활도 교환하는 도움과 격려를 주는 신실한 친구를 만들어야 한다.

• 평소에 방을 잘 정리정돈 하라

잘 정리하는 청결한 대학생은 평소에 생활을 잘 관리한다. 우선 아침기상 후 이불을 개어놓고 방을 청소하며 책상을 정리한다. 이것은 일상생활을 계획성 있게 만들고 대학공부의 효율성도 높여 준다.

• 매일 시간을 내서 신문을 구독하라

신문은 국가사회의 현실과 모습을 나타내는 자화상이며, 중요한 정보도 많다. 기상하자마자 대학생은 휴대전화에 손이 먼저 가는 습관에 젖어있다. 하루 종일 전화기에 매달려있는 것보다 신문구독과 독서에 많은 시간을 보내야 한다.

• 가급적 낮잠을 자지 말라

야간에 다른 일로 잠을 설치면 낮에 피곤하다. 이로 인해 낮잠을 많이 자면, 일상생활의 리듬이 깨진다. 그래서 저녁에 일찍 취침하여 충분한 수면을 취하고 낮에 정상적인 생활을 유지하는 것이 바람직하다. 어떤 대학생은 밤늦게까지 오락실, 비디오방, 노래방, 술집 등을 전전하다가 강의실에서 졸며 공부에도 소홀하다. 이것은 개인, 수업분위기 및 대학생활에도 나쁜 영향을 미친다.

❀ 이상적인 대학생활의 성공원리 📖

❶ 학교 성적보다는 배움을 중요시 하라.
❷ 책의 모든 내용을 읽으려고 매달리지 말라.
❸ 교수와의 인간관계에 집착하지 말라.
❹ 전공분야 대형 연구과제에 집중하라.
❺ 우선 진솔한 친구를 사귀어라.
❻ 평소에 방을 잘 정리정돈 하라.
❼ 매일 시간을 내어 신문을 구독하라.
❽ 가급적 낮잠을 자지 말라.
❾ 강의실 밖에서 메모하는 습관을 기르라.
❿ 은밀한 자신의 공부장소를 마련하라.

• 강의실 밖에서 메모하는 습관을 기르라

평소 교실 외부에서 기록하고 정리하는 습관이 요구된다. 읽기와 쓰기는 자신의 정서를 순화시키며, 삶의 목표를 올바르게 정립하는데 도움이 된다.

• 은밀한 자신의 공부장소를 마련하라

자신만의 은밀한 공부장소를 마련하여 활용한다. 도서관 혹은 독서실 공부에 익숙한 대학생에게는 수긍하기 어려울 수 있는 방법이다. 조용한 공간에서 때론 소리 내서 또는 조용히 편안하게 공부하면 효과적이다. 학생 스스로 마음 편하게 자신을 생각하면서 공부한다. 열등감이 있는 상태에서 은밀한 공부공간을 도피처로 활용하는 것은 좋지 않다. 한번 정도 조용한 공간에서 혼자 시간을 내어 공부하고 그 결과를 상고해 본다.

다시 생각하기 !

질문 1 대학생이 활동할 때 필요한 지침들은 무엇이며, 오늘날 대학문화의 현실은 어떠한가?

질문 2 성공적인 대학생활을 위한 중요한 방향들은 무엇이며, 대학에서 친한 학우들이나 교수와 어떻게 인간관계를 맺는 것이 좋은가?

질문 3 대학에 다니면서 무슨 방법으로 낭비적이며 방탕한 생활을 조심해야 하는가?

질문 4 크리스천 대학생들은 무슨 생활자세로 생활해야 하는가?

질문 5 신앙 활동의 측면에서 대학생들에게 필요한 생활 자세는 무엇인가?

질문 6 성공적으로 대학생활을 보내기 위해서 대학생 청년들에게 요구되는 이상적인 방법들은 무엇인가?

Chapter 4.

대학생활의 실제 설계

- 입학 전 대학생활의 환상
- Freshman 생활설계
- Sophomore 생활설계
- Junior 생활설계
- Senior 생활설계

사람이 마음으로 자기의 길을 계획할지라도 그 걸음을
인도하는 자는 여호와시니라. - 잠언 16:9

인간의 지혜는 계획과 실천을 적절히 조화시키는
일에 달려 있다. - 그라시안

Chapter 4

대학생활의 실제 설계

입학 전 대학생활의 환상

수능 후 겨울방학의 중요성

우리나라 고등학교 교육의 모든 내용은 수능시험 준비에 맞추어져 있다. 모든 학생들은 수능시험이란 100m 달리기 결승점을 향하여 질주하고 일단 결승점을 통과하면 모든 긴장감이 풀어지고 아주 자유롭다. 대부분의 고등학생은 대학입학 전까지 2~3개월 동안 허송세월을 많이 보낸다. 상당수 학생들은 그 기간을 자유시간이라 생각하고 시간을 낭비한다.

하지만 이 기간은 대학입학을 준비하는 매우 소중한 시간이다. 이 시기에 곧 입학하는 대학의 정보를 수집하고, 전공학문을 전망할 필요가 있다. 부족한 어학공부를 보충하고 양서를 선택하여 독서하는 습관도 길러야 한다. 일부 학생들은 운전면허증을 취득하거나, 신입생을 위한 대학생활안내 프로그램에 참석한다. 학생들은 수능이 끝난 후 겨울방학계획을 잘 세워 충실하게 보내는 것이 매우 소중하다.

* 대학 입학 전의 마음자세

과거에 대학생은 놀아도 될 정도로 대학은 청춘공간의 상징이었고 대학 졸업 후 취업도 쉬웠다. 하지만 오늘날 청년실업은 한국사회가 직면하고 있는 심각한 경제 · 사회적인 문제가 되었다. 특히 경기침체, 산업구조의 변화 및 고령화 사회의 등장으로 청년층의 일자리는 더욱 감소하고 있다. 요즈음 대학은 더 이상 취업의 보증수표가 되어주지 못하며, 많은 고급인력들이 실업자로 전락하고 있다. 따라서 대학가의 문화도 많이 바뀌고 있다. 무분별한 술 문화가 개선되며, 1-2학년 대학생들의 도서관 출입도 늘었다.

이러한 현실을 감안하여 대학 입학 전에 마음자세를 가다듬는 것이 좋다. 장차 4년간의 대학생활을 앞두고 대학생활을 보람차게 보내려는 마음을 가져야 한다. 대학생의 임무인 공부에 충실하고 개인발전을 위하여 다양한 경험도 필요하다. 대학생활에서 중용의 미덕을 생각해야 한다. 대학생활은 청춘의 즐거움과 미래를 위한 준비과정이다. 이러므로 대학생의 장점을 잘 살려 충실한 대학생활을 보내야 한다. 크리스천 대학생은 구원의 확신을 갖고, 그리스도의 청지기 사명을 감당하기 위하여 신앙생활에 충실할 것을 권면한다.

* 오리엔테이션(OT)의 참가

대학생활의 시작에서 처음 경험하는 중요한 활동은 OT (orientation)에 참가하는 일이다. 일부 학생들은 귀찮다고 생각하여 OT에 불참한다. 그런 학생들은 새 학기 대학생활에서 다소 타격을 받는다. 대학입학 전 보통 2월에 있는 OT는 입학 전 동료들과 사귀고 선배들을 만나는 소중한 기회이다. OT를 통하여 좋은 친구를 알아두고, 1학년에 도움을 줄 선배를 만나는 것이 중요하다.

OT에 불참한 학생은 3월의 새 학기에 마치 전학 온 학생처럼 소외될 수 있다. 이미 OT에서 알아 서로 친한 학우들 모임에 참여하는 것은 쉽지 않다. 따라서 가급적 OT에 참여하여 대학생활 동안 함께 공부하고 평생 서로 격려하는 좋은 친구를 사귈 필요가 있다. 멘토가 되는 선배를 발견하여 대학생활에 대한 조언을 들으며, 유익한 대학생활을 영위해야 한다.

Freshman 생활설계

1학년 1학기 생활설계

• 성적관리의 시작

대학에 입학하면 사람들은 흔히 "1학년에 노는 것이 좋다고" 강조한다. 1학년 때 대책 없이 놀아서 성적이 나쁘면, 2~3학년에 학점관리가 아주 힘들다. 성적이 나쁜 1학년 과목이 전체 평점을 떨어트리고 여름 및 겨울방학에 재수강하는 일도 생긴다. 따라서 성적관리는 1학년 때부터 신경 써야 한다.

하지만 1학년은 대학생활의 꽃이므로 여가, 취미 및 동아리 활동도 참가할 필요가 있다. 평소에 짜투리 시간을 잘 활용하고, 틈틈이 공부에 충실해야 좋은 성적이 유지된다. 실제로 대학 1학년 때 고3 때 공부의 절반만 해도 학과에서 우수한 성적을 거둘 것이다. 1학년부터 학업공부와 자기개발 활동을 병행하여 균형 있는 대학생활을 유지해야 한다.

• 좋은 학점의 취득요령

대학에서 좋은 학점을 받기 위해서는 몇 가지 준비와 노력이 요구된다.

① 선배의 조언을 통해 자신에게 적합한 과목을 선택하여 수강한다. 대학에서 학생은 스스로 과목을 선택하여 강의시간표를 결정한다. 자기 적성에 맞고 좋은 성적이 부여되는 과목정보를 사전에 입수하여 검토하고 수강신청을 한다.

② 수업시간에 앞자리에 앉아 경청하고 절대로 대리출석을 시키지 않는다. 혹자는 대리출석을 대학생활의 로망으로 미화한다. 이것은 엄격한 불법과 사기행태이다. 수업시간 앞자리에서 교수강의에 집중하고 자신의 존재와 성실한 태도를 각인시킨다. 교수는 이런 학생의 태도를 좋게 생각하면서 성실하게 강의하며, 기말에 성적 평가에도 고려할 수 있다.

③ 출석 전에 강의계획서를 참고하여 준비한다. 대다수 학생들은 아무런 준비 없이 수업에 참석하고 수업시간에 피동적으로 행동한다. 학생은 단순히 교수의 강의내용만 수동적으로 배우고 부가적인 학습노력은 게을리 한다. 강의계획서는 강의목표, 강의내용, 수업진행계획, 참고문헌 및 기타 관련사항 등이 수록되어 있다. 강의계획서를 잘 활용하면, 리포트의 작성, 시험과 장래취업의 준비 및 강의내용의 이해에도 도움이 된다.

• 전략적인 시간표의 작성

중·고등학교 시절은 정해진 시간표에 따라 수업을 받는 아주 피동적인 입장에 있다. 대학생활은 자기 일에 책임을 지는 자율적이며 능동적인 개인생활이다. 대학 1학년 생활에서 가장 중요한 것은 전략적인 시간표를 작성하는 것이다.

처음에 수강희망 과목의 시간표를 만드는 것이 낯설고 쉽지 않다. 선배의 도움을 받아 강의계획서를 참고하여 능동적으로 시간표를 작성하는 노력이 요구된다. 일단 강의시간표는 관심분야의 교양과목과 전공 관련과목을 1주 4일간에 적절히 배열하여 작성한다. 1주 4일 동안 수업 및 공부에 충실한다. 나머지 3일간은 취미생활과 자기개발 활동에 효과적으로 시간을 이용한다.

• 대인관계의 시작과 동아리 활동

고교시절은 대학입시 공부에 너무 치우쳐서 대인관계도 자기학급의 친구에 국한되었다. 대학생활에서 대인관계의 범위는 학과, 대학 및 동아리 등으로 크게 늘어나고 그 관계도 다양하다. 대학에서 대인관계의 폭을 결정짓는 중요한 시기가 1학년 1학기이다. 이 시기에 마음에 맞는 학우와 사귀며, 선배들과 좋은 관계를 갖는다.

학과 외에 다른 세계를 경험하는 공간이 동아리 활동이다. 동아리 선택은 대학생활에서 중요한 활동 중의 하나이다. 동아리 활동은 좋은 인간관계의 형성과 다양한 분야의 경험에 도움이 된다. 이를 테면, 사진동아리에서 활동하였다면, 그 학생은 여행, 사진촬영, 전시회참가, 발표 경험을 가질 수 있다. 이것은 자신을 더욱 성숙하게 만들고 장차 사회생활에 필요한 소중한 경험을 갖게 한다.

• 개인적인 여행구상

대학 1학년은 대학생활에서 시간이 많고, 여름방학은 다소 여유롭다. 여름 방학 때 마음에 맞는 친구와 여행을 떠나는 것이 좋다. 일단 국내여행을 가고 아르바이트로 돈을 저축하여 해외여행을 가는 경험은 아주 소중하다. 학교 및 국내・외 학술여행 공모에 응시하고자 여행계획을 짜는 것도 좋다. 여름방학에 자전거 혹은 기차로 전국 일주를 하거나, 무전여행도 시도한다. '젊어서 고생은 사서도 한다.'는 말이 있다. 젊은 시절에 한 고생과 경험은 인생을 더욱 성숙하게 만들고 인생설계에도 소중한 교훈을 제공한다.

* 1학년 2학기 생활설계

• 이성교제의 시작

젊음의 꽃은 단연 이성교제이다. 대학시절은 교내 또는 동아리활동에서 이성을 만나 대화하는 좋은 시기이다. 신중한 사람은 첫 인상이나 단기간의 행동으로 상대방을 경솔하게 판단하지 않는다. 오랜 시간을 통하여 사람의 성격과 됨됨이를 파악한다. 1학년 학기말에 이성 친구를 만나서 사귈 수 있다. 그러한 이성 친구는 구애와 노력으로 호감을 사고 건전한 만남을 지속하는 것이 좋다.

• 봉사활동의 참여

다소 시간적인 여유가 있는 1학년에 봉사활동을 하는 것이 중요하다. 봉사활동은 보통 농촌지원, 시민단체 활동 및 고아원과 양로원 방문을 통하여 실시한다. 지역행사에 자원봉사 도우미로 활동하는 것도 좋은 경험을 쌓는 기회이다. 봉사활동은 인격을 성숙하게 하며 자신에게 행복감을 가져다준다. 자기개발과 취업응모시 봉사활동의 경험은 매우 중요하다. 대학 1학년에 다양한 봉사활동을 통하여 소중한 경험을 쌓고 이타심을 키우는 것이 좋다.

• 아르바이트 경험

대학생은 성인으로서 부모로부터 모든 용돈을 받는 것은 자제한다. 생활비의 일부라도 아르바이트를 통해 버는 것은 훌륭한 인격과 생활 자세를 갖는데 필요하다. 때로는 학업과 아르바이트를 병행한다. 시간적인 여유가 없겠지만, 시간을 잘 관리하는 삶의 지혜도 배운다. 바람직한 아르바이트는 과외, 전공회사 단기근무 또는 인턴십도 좋을 것이다. 관심분야에서 사회적인 경험을 넓히는 것은 개인발전과 인생설계에 크게 도움이 된다.

• 문화생활의 관심

고교시절에는 대학입시 때문에 문화생활을 거의 하지 못한다. 대학생활에서는 영화감상, 연극관람, 음악공연 및 스포츠경기 참관 등 문화 활동에 시간을 투자할 수 있다. 문화생활은 인생을 풍요롭게 만들며 삶의 여유를 갖고 스트레스를 완화하는 좋은 기회이다. 문화생활을 통하여 친구도 사귀며 인생에 필요한 소중한 경험도 얻는다.

Freshman 생활설계

학 기	이행사항
입학 전	◆ 겨울방학의 중요성, 입학 전 마음가짐 ◆ 오리엔테이션 참가
1학년 1학기	◆ 성적관리의 시작, 좋은 학점의 취득 ◆ 전략시간표의 작성, 대인관계 시작
1학년 2학기	◆ 이성교제 시작, 봉사활동의 참여 ◆ 아르바이트 경험, 문화생활의 관심

Sophomore 생활설계

2학년 1학기 생활설계

• 좋은 선배 되기

2학년에는 1학년과 달리 사랑스러운 후배가 생긴다. '개구리 올

챙이 시절 생각 못한다.'는 말이 있다. 이것은 많은 선배가 자신의 새내기 시절을 생각하지 못하는 경우이다. 좋은 대학생은 1학년 시절을 회상하고 후배의 어려움에 귀를 기울이며 대화한다. 식사도 함께 하면서 후배에게 대학생활에 필요한 조언과 정보도 제공한다. 멘토로서 후배의 대학생활에 충고하는 것은 개인과 사회의 발전에 기여한다.

• 대학생활의 전환점

남자 대학생은 2학년 1학기에 중요한 전환점에 놓여 있다. 그 시기에는 군 입대와 장래 문제를 심각하게 고민한다. 재학 중 입대, ROTC 입단, 졸업 후 군복무 등을 생각하고 결정한다. 상당수의 남학생은 2학년 1학기 후에 군에 입대한다. 1학년을 마치고 입대하면 복학 후 후배도 잘 모르고 학교생활에도 적응하기 힘들다. 그래서 후배와의 대인관계도 돈독하게 만들고 앞으로 대학생활도 고려하여 2학년 1학기에 군에 입대하면 좋다.

• 해외여행의 경험 쌓기

여름에 군대에 입대하면 보통 5월경에 제대한다. 요즈음 군의 사병 복무기간은 21개월이다. 제대 후 2학기 복학 전에 해외여행을 통해 많은 경험을 할 수 있다. 해외여행 경비는 아르바이트로 벌거나 군생활의 봉급을 모아 마련한다. 부족한 돈은 부모의 도움을 다소 받는다. 해외여행을 통하여 외국에서 넓은 세상을 경험하고 인격적인 성장도 도모한다. 해외여행을 계획할 때는 여행지 정보를 사전에 입수하여 현지의 경험을 몸소 느낀다. 평소에 사귄 친우와 의미 있는 착한 여행을 하는 것도 필요하다.

2학년 2학기 생활설계

• 자격증 공부

대학생활에서 2학년 2학기는 더욱 공부에 집중하기 시작하는 시기이다. 하지만 다소 시간적인 여유가 있어 전공 및 취업에 관련된 자격증을 획득한다. 이를 테면, 컴퓨터 혹은 전공 관련 자격증을 파악하여 공부한다. 공인 영어점수는 취업과 장래 대학생활에서 기본이다. 영어공부도 열심히 해서 일정 수준의 토익 및 토플 점수를 확보한다.

• 취미생활의 시작

취미생활은 가급적 2학년 2학기에 시작하여 대학생활을 보람 있게 보낸다. 장기적으로 취미생활은 인생설계에 도움이 되므로, 이를 감안하여 취미활동을 한다. 건강관리, 자기개발 및 여가선용을 위하여 자기 취향에 맞는 취미활동을 한다. 취미생활은 대학생에게 건강, 즐거움 및 행복감을 가져오며 생활의 활력소가 된다.

• 활발한 도서관 이용

대학 2학년부터 도서관에 자주 출입하고 공부하는 습관을 기른다. 단순히 도서 대출과 자료수집의 목적으로 도서관을 이용하는 학생들이 많다. 오히려 진득하게 도서관에서 공부하는 모습을

Sophomore 생활설계

학 기	이행사항
2학년 1학기	◆ 좋은 선배 되기, 대학생활 전환점 ◆ 해외여행 경험 쌓기
2학년 2학기	◆ 자격증 공부시행, 취미생활 시작 ◆ 도서관 공부의 정착

만들 필요가 있다. 도서관을 공부하는 편안한 장소로 인식하는 것이 매우 좋으며 학창생활에 보람을 느낀다.

Junior 생활설계

3학년 1학기 생활설계

- 독서습관의 배양

대학생의 기본임무는 공부이며, 독서는 대학과정에서 가장 중요한 학업이다. 요즈음 대학생들은 수업교재 외에 독서하는 사람이 많지 않다. 심지어 다수의 학생들이 1년에 1권의 책도 읽지 않는다. 독서는 학생에게 마음의 양식을 제공하고 개인의 부가가치를 높여주는 자양분이다. 따라서 틈틈이 인생에 도움이 되는 양서를 읽어서 자신의 지적성장을 도모해야 한다.

- 학과의 실질적 리더역할

3학년 1학기부터는 성적향상과 취업준비를 위해 더욱 바빠지기 시작한다. 또한 학과에서 실질적인 리더역할을 담당해야할 시기이다. 보통 학과 대표와 임원진이 3학년을 중심으로 구성되고 있다. 오늘날 대학생들은 과대표나 임원을 가급적 회피하는 분위기이다. 이것은 학과활동이 시간을 낭비하고, 학업생활에 방해가 된다고 생각하기 때문이다. 오히려 이 기회를 활용하여 지도력도 키우고 인간관계도 개선하는 좋은 경험을 한다. 이것은 개인의 능력을 개발하고 장차 사회생활에도 크게 도움이 된다.

3학년 2학기 생활설계

• 4학년 준비단계

대학생활에서 많이 긴장되는 시기가 3학년 2학기 겨울방학이다. 그 동안 즐거웠던 대학생활이 조금씩 아쉽게 느껴진다. 그 이유는 취업준비를 위해 매진하기 때문이다. 3학년 2학기는 본격적으로 4학년의 준비단계에 놓여있다. 단단히 마음가짐을 하고 독서대도 구입하여 활용한다. 공부에 편하도록 옷차림도 가볍게 하고 실용성이 강한 옷을 입는다. 대외활동이나 행사참여도 줄이면서 취업준비에 전념한다.

• 본격적인 스펙의 구축

대학생의 스펙 쌓기는 취업에서 중요한 요소이다. 그 동안 자기 스펙을 정리하고 부족한 점을 보완하기 위해서 노력한다. 좋은 성적, 어학점수 및 자격증 획득은 기본적인 스펙 쌓기이다. 기타 공모전에 참가하여 입상하고 인턴사원 경험도 가져본다. 개인의 능력을 개발하여 다른 학생과 차별화된 경쟁력과 지도력을 키워야 할 것이다.

Junior 생활설계

학 기	이행사항
3학년 1학기	◆ 독서습관의 배양, 학과의 실질적 리더역할
3학년 2학기	◆ 4학년 대학생활의 준비, 본격적인 스펙 구축

Senior 생활설계

* 4학년 1학기 생활설계

• 교수와 친밀관계 형성

대학에서 교수와 학생 간에는 실제로 커다란 거리감이 느껴진다. 고교시절의 학급 선생에서 느끼는 친밀감과는 아주 다르다. 대학 1~2학년 학생들은 교수와 인간관계를 맺기가 어렵다. 4학년 때에는 교수와 인간관계를 돈돈히 하는 것이 좋다. 교수 연구실을 방문하여 학업과 장래설계에 대한 상담도 요청하며, 서먹서먹한 벽도 허문다. 교수의 연구분야 혹은 논문에 관심을 가져 연구과제에 연구보조원으로 참여한다. 졸업 전 취업에서 교수가 제공하는 정보나 추천서는 더욱 중요하다.

• 학과선배의 지도력 발휘

학과활동은 주로 3학년이 담당하지만, 4학년은 여전히 학과의 최고 선배이다. 가끔 학과의 선배로서 지도력과 모범을 보여줄 필요가 있다. 이를 테면, 학과의 개강 및 종강모임에서 조언을 하거나 학과가 올바른 방향으로 발전하도록 권장한다. 4학년 학생이 학과 행사를 경시하면, 학과의 기강이 약해지고 경쟁력도 떨어진다.

* 4학년 2학기 생활설계

• 총체적인 취업노력

대학생들은 4학년 2학기에 취업을 위해 총체적인 노력을 경주한다. 2학기에 조기 취업되는 경우도 있어 학업보다는 취업에 많은 신경을 쓴다. 많은 기업의 채용정보를 조사하여 자기에게 유리한

회사와 직종을 잘 선별한다. 취업에 필요한 서류준비, 인터뷰 연습 및 취업훈련을 잘하여 용감히 취업시험에 도전한다. 개방적인 태도, 적극적인 노력 및 철저한 준비가 취업을 성공시키는 지름길이다.

• 사회진출의 기반구축

이제 대학을 졸업하면서 새로운 인생이 시작된다. 과거의 학생에서 회사의 신입사원 및 사회의 일원으로 새롭게 인생을 출발한다. 마음가짐을 다시 하고 개인생활을 잘 관리하여 사회로 진출하는 기반을 다진다. 장차 사회생활에서 직면하는 환경도 슬기롭게 대처하고 극복하는 자질도 기른다.

Senior 생활설계

학기	이행사항
4학년 1학기	◆ 교수와 친밀한 인간관계 형성 ◆ 학과선배의 지도력 발휘
4학년 2학기	◆ 총체적인 취업노력 ◆ 사회진출의 기반구축

대학생활 종합설계의 안내

구 분	Freshman	Sophomore	Junior	Senior
포인트	다양한 경험과 적성파악	학점관리 신경	취업목표 취업준비	취업정보 구직활동
전 공	적성파악, 학습 공동체	전공기초 B학점이상 토익준비	학점관리 3.5이상	취업강의 특강수강
영 어	토익파악, 공부방법	해외연수 배낭여행	회화집중 점수준비	최고점수 면접회화
인 맥	인맥준비, 선배교수	인맥확대 타과동아리	최고점수 멘토 탐방 강연만남	취업인맥 설명회참석 인사담당자
동아리	취업경력 동아리 파악	행사기획 진행 및 리더십	전문동아리활동, 공모전준비	취업스터디, 취업정보공유
공모전	다양한 공모전 참여	해외탐방 문화답사도전	취업 · 진로 공모전 도전	인턴입사도움 공모전 도전

다시 생각하기 !

질문 1 입학 전 대학생활에 대한 환상은 무엇이었는가?

질문 2 대학생활에서 1학년에는 무슨 계획으로 어떻게 설계하는 것이 좋은가?

질문 3 대학생활의 성공을 위해서 2학년에는 어떻게 보내며, 준비하는 내용들은 무엇인가?

질문 4 대학생활에서 3학년에는 무슨 계획으로 생활하고, 어떻게 설계하는 것이 좋은가?

질문 5 성공적인 대학생활을 위하여 4학년에 학창생활을 마무리하고 사회진출을 위한 좋은 제언들은 무엇인가?

Part 3

실천하는 생활의 비결

Chapter 5.

효율적인 시간관리

- 시간의 개요
- 시간관리의 필요성
- 시간관리의 중요한 현실
- 시간관리의 십계명

그런즉 너희가 어떻게 행할지를 자세히 주의하여 지혜 없는 자 같이 하지 말고 오직 지혜 있는 자 같이 하여 세월을 아끼라 때가 악하니라.

- 에베소서 5:15-16

미래는 주저하면서 다가오고, 현재는 화살처럼 날아가고 과거는 영원히 정지하고 있다. - F. 실러

Chapter 5

효율적인 시간 관리

시간의 개요

시간의 개념

시간은 어떤 시각에서 다른 시각까지의 길이 또는 동안이다. 시간은 무슨 일을 하기 위하여 정한 일정한 길이의 동안을 의미한다. 시간의 어원은 산스크리트어인 [ayn], 히브리어 [et]로 생애를 뜻한다. 시간의 언어적 정체를 파악하기는 매우 곤란하다. 어거스틴은 "시간이 무엇이냐고 묻는 다면 설명할 줄 모른다."고 대답했다. 루이스 캐롤은 "시간은 바로 인간이다." 라고 말했다.

크리스천에게 시간은 매우 중요한 의미가 있다. 시간은 하나님이 인간에게 내려 주신 신비한 활동의 선물이다. 시간은 신비로워서 측정하기 곤란하다. 시간은 매우 귀중하며 다가오는 기회이다. 시간은 생명이 있고 순간이며 일회적, 종말론적 특성을 가지고 있다.

* 시간의 성격

시간에는 자연적인 시간과 문화적인 시간이 있다. 자연적인 시간은 객관적인 성격이 강하며, 시계에서 읽혀지는 시간이다. 이것은 측정할 수 있고 동일한 성격을 가지고 주기적으로 반복된다. 문화적인 시간은 주관적인 것으로서 창조성이 있다. 시간이 의미를 가짐은 물론 매우 중요한 성격이 있다. 동일한 시간이라도 사용자 및 사용목적에 따라서 그 차이와 의미가 매우 크다. 같은 5분의 시간도 대학 입시생이 갖는 시험 전 5분과 잡담하는 학생의 5분은 효과성 및 중요도에서 그 차이가 아주 크다.

크리스천에게 시간은 카이로스 역사와 문화 창조의 기간이다. 헬라어로 카이로스라는 시간은 때가 가득 찬 시간이다. 이것은 구체적인 사건의 순간, 구원의 기쁨을 누리는 의미 있는 순간이다. 카이로스는 자신의 존재 의미를 느끼는 절대적인 시간이다. 33년의 짧은 공생애 동안 위대한 삶은 사신 예수님의 시간은 바로 카이로스였다. 에스겔에게 시간은 새로운 결단과 창조의 기회이며, 위기 극복의 순간이었다(애 3:22-23).

아주 짧은 5분의 시간도 길고 귀중하고 새로운 시간이다. 이를테면, 내란 혐의자란 범죄로 28세에 사형선고를 받은 토스트예프스키는 사형 집행 전 5분의 시간을 회상하며 보냈다. 그는 동료인사에 2분, 생활정리로 2분, 자연관찰에 1분을 사용했다. 그는 28년의 세월을 불충실하게 보낸 것을 후회했다. 그 후 사형집행을 위하여 탄활이 총에 장전되었다. 이 순간에 죽음의 공포가 엄습하였고, 사형을 집행하기 위해서 병사가 등장했다. 그 순간에 바로 황제의 특사령이 하달되어 생명을 구하였다.

시간관리의 필요성

시간관리의 필요성

시간 관리는 자기관리에서 아주 중요한 부문이다. 시간은 단순히 숫자 개념의 기간이 아니라, 창조적이며 주관적인 기회이다. 좁은 개념으로 시간 관리는 일상에서 효과적인 활동을 수행하기 위하여 시간을 잘 조직하는 것이다. 광의로 시간 관리는 주어진 모든 시간을 최선으로 활용하고 최대의 효과를 도모하는 것이다.

시간은 누구에게나 공평하게 주어지며 활용된다. 시간은 목적과 용도에 따라 창조 및 실패 등 운명의 길을 간다. 시간이 생산적, 창조적 목적에 쓰이면 개인, 가정과 사회는 발전하고 소생된다. 그러나 시간이 낭비적인 요인에 소모되면, 개인과 사회도 몰락의 길로 빠진다. 시간은 다양한 모습으로 사람에게 다가오고 주어진다. 시간의 사용목적에 따라 개인, 가정 및 사회의 운명과 장래까지 달라진다.

예수님은 시간을 가장 효율적으로 사용했다. 예수님은 새벽부터 저녁 늦게까지 기도, 묵상, 교육 및 복음사역에 집중했다. 세계적으로 성공한 정치가, 부자, 연구자 및 운동선수 등은 공통적으로 시간을 집중적이고 효율적으로 사용했다. 시간 관리의 중요성을 인식하고 인생에 도입하여 성공하였다.

포티노씨는 미국 평균인의 수명 70세를 기준으로 인생에 사용된 시간을 조사하였다. 평균 70년 중에서 소비적인 시간에 보통 43년을 사용했다. 이것은 수면시간 23년, 식사 6년, 가사 4년, 줄서기 5년, 우편수령·전화 2년 8개월, 신호대기 6개월, 물건 찾음 1년 등으로 파악되었다.

시간을 관리함으로써 일상생활과 활동에서 긴장과 지루함을 잘

조절하고 삶의 리듬을 유지한다. 시간 관리로 일상생활에서 매사에 여유를 갖고 침착하게 처신하며, 목표달성에 데 도움이 된다. 또한 바쁜 일을 사전에 조절하고 매사에 조급증을 예방한다.

시간 관리는 개인이 급격히 변모하는 현대사회에 쉽게 적응하는 데 도와준다. 시간을 효율적으로 관리해서 일과 활동에 대한 긴장을 예방하고 규칙적인 운동으로 건강을 증진시킨다. 시간을 선용하여 다양한 취미생활을 즐긴다. 자기 발전을 위하여 시간을 투자하면, 개인적인 만족감이 생기며 인생에서 성공하는 의미를 발견한다.

* 성경적 시간관리

시간은 하나님의 것이다. 진정으로 우리의 행동이 하나님의 영광을 위한 것이라고 생각해야 한다(고전 10:31). 사람이 무의미하게 행동하고 시간을 낭비하는 것은 죄이다. 시간은 하나님께서 주신 생명의 조각들이다. 그래서 모세는 우리의 일생이 얼마나 짧은 지 헤아릴 수 있게 하셔서 우리가 지혜로운 마음을 얻게 해달라고 기도했다(시 90:12). 크리스천은 하나님께 시간을 잘 다스리기 위한 지혜를 달라고 기도하고, 시간을 지혜롭게 사용해야 한다.

예수님의 제자 바울은 악한 시대에 세월을 아끼라고 권면한다(엡 5:16). 이것은 크리스천에게 시간 관리의 중요성을 강조하고 있다. 당시 에베소에는 헬레니즘의 영향으로 시간 관리가 엉망이었던 모양이다. 바로 그런 사람들에게 "세월을 아끼라"고 말했다. 크리스천이 시간 관리를 잘못하면, 사탄의 유혹에 빠질 수 있다. 사람은 시간의 노예가 되어서도 안된다. 그렇다고 시간을 너무 방만하게 사용하는 것도 좋지 않다. 따라서 시간 관리는 세상을 살아가는 크리스천에게 주어진 큰 과제가 된다.

시간관리의 중요한 현실

시간관리의 중요성

크리스천은 사회생활에서 청지기 정신과 생활이 무척 강조된다. 크리스천은 세상의 빛과 소금이다(마 5:13-14). 크리스천의 청지기 사명이 우리의 생활현실에서 얼마나 중요한가를 반증하고 있다. 교회 및 사역현장에서 물질 또는 자녀에 대한 청지기 정신은 많이 강조된다. 실제적으로 시간에 대한 청지기 정신은 별로 거론되지 않으며 경시되고 있다.

시간은 분명히 하나님의 선물이며, 크리스천이 잘 관리해야할 재산이다. 크리스천은 일상적인 시간을 잘 관리하여 성숙한 신앙의 모습을 보여줘야 한다. 우리는 지금 그럭저럭 살아가고 있는가? 아니면 삶을 장악하고 의미 있게 살고 있는가? 그럭저럭 사는 자는 단지 존재하는 것이다. 생존과 사는 것에는 엄청난 차이가 있다. 에드워드 영은 "낭비된 시간은 생존한 것이고 이용한 시간은 삶을 산 것이다"라고 말했다. 생존은 계속적으로 존재하는 것이며, 삶은 힘과 에너지가 충만한 상태이다.

'삶의 예찬'이란 시를 쓴 롱펠로우(Henry Wadsworth Longfellow)는 다음과 같이 말했다. "삶은 참되다! 삶은 진실하다! 무덤은 삶의 목표가 아니다." 다시 말해, 인간은 죽는 것보다는 의미 있는 일을 하기 위해 살아간다. 하나님이 선지자 모세를 통해 자기 백성에게 주신 도전도 "삶을 선택하라"는 것이었다. 이것은 "존재하지만 말고 역경을 극복하고 번영을 선택하라"는 의미이다. 크리스천은 인생에 대해 수동적으로 방관하지 않고 적극적인 개척자 및 능동적인 참여자로 살아야 한다. 그러기 위해서는 자신의 시간과 삶을 관리하는 방법을 배우고 실천하는 것이 무척 중요하다.

분명히 시간은 누구에게나 항상 같다. 시간은 누구나 공유하는 하나님의 공평한 분배물이다. 하루에 주어지는 시간은 빈부귀천, 남녀노소를 막론하고 모두 24시간이다. 사람은 시간을 남보다 더 쓴다거나 그것을 따로 저장할 수는 없다. 시간은 만나처럼 저장할 수 없다. 그런데 시간은 하나님이 인간에게 주신 선물이지만 '의무'도 함께 들어 있다. 그것은 하나님께서 우리에게 맡겨 주신 것이기 때문이다.

그래서 시간 관리를 단순히 세상적인 차원에서 다룰 수 있다. 하지만 영적인 의미에서 취급하는 것이 더욱 중요하다. 결국 시간을 잘못 관리하는 것은 시간을 우리에게 주신 하나님의 뜻에 반하는 일이다. 우리가 아는 달란트의 비유(마 25장)도 금전과 물질은 물론 시간에 대해서도 동일하게 적용된다. 사람마다 주어진 달란트가 달랐던 것처럼 사람에게 주어진 수명도 각각 다르다. 중요한 것은 달란트의 양이 아니라 주어진 달란트를 활용하는 것이다. 다시 말해, 일생 동안에 얼마나 충성되게 살았느냐가 중요한 문제이다. 우리들은 흔히 세 번째 종과 같이 주어진 시간이 충분치 않다고 불평 혹은 불만하기 쉽다.

우리는 사실 일하다 보면 항상 시간이 부족하다고 불평한다. "시간이 조금 더 있었으면 더 잘했을 텐데…" "시간만 난다면 하나님 일을 할 수 있는 데…"같은 아쉬움만 토로한다. 그러나 하나님이 우리에게 원하는 것은 주어진 시간에 충실한 삶이다. 사람은 하나님이 주신 매 순간의 가치를 인식하고 깨달아야 시간을 잘 관리할 수 있다.

한국인의 1일 생활시간

2004년 통계청에서 국민들의 생활시간을 분석하였다. 만 10세 이상 가구원을 대상으로 주어진 하루 24시간을 어떻게 보내고 있는지 조사했다. 남성은 하루 24시간 중에서 수면에 7시간 52분(34%), 일에 4시간 20분(18%), 미디어사용에 2시간 22분(10%), 이동에 1시간 51분(8%)을 소비했다.

한국 남성의 1일 생활시간

구분(분)	활동	시간(분)	구성비%
필수생활 시간(10:30)	수면	7:52	33
	식사, 간식	1:39	7
	기타	1:04	4
의무생활 시간(8:01)	수입노동	4:20	18
	가사노동	0:32	2
	학습	1:19	5
	이동	1:51	8
여가생활 시간(5:24)	미디어이용	2:22	10
	교제	0:47	3
	취미,여가	1:14	5
	기타	1:01	4

여성은 하루 24시간 중에서 수면에 7시간 47분(32%), 가사노동에 3시간 11분(13%), 일에 2시간 34분(11%), 미디어이용에 2시간 16분(9%)을 사용하였다. 여성은 평균 7시간 47분을 잠자고, 가사노동에 남성보다 많은 3시간 11분, 취미 및 여가시간에 45분을 사용한 것으로 나타났다.

어떤 사람은 하루 24시간을 보내면서 동일한 분량의 일을 하고도 여유롭게 생활한다. 다른 사람은 하루 일과도 채우지 못하면서 매우 바쁘고 일도 끝내지 못한다. 하루의 성패는 일상적인 계획과 시간 관리에 달려있다. 꽉 짜인 1일 스케줄 속에서 생활하는 사람도 주어진 자투리 시간을 잘 활용하면 삶의 생산성을 증대시킨다.

한국 여성의 1일 생활시간

구분(분)	활동	시간(분)	구성비(%)
필수생활 시간(10:34)	수면	7:47	32
	식사, 간식	1:35	7
	기타	1:12	5
의무생활 시간(8:24)	수입노동	2:34	11
	가사노동	3:11	13
	학습	1:09	5
	이동	1:30	6
여가생활 시간(5:03)	미디어이용	2:16	9
	교제	0:56	4
	취미, 여가	0:45	3
	기타	1:06	5

정치가인 클린턴 전 미국 대통령은 계획을 장기, 중기, 단기 계획으로 나누고 각 목록마다 우선순위를 부여했다. 가장 중요한 일을 A, 비교적 덜 중요한 일을 B, C로 구분하였다. A 항목에서도 A-1, A-2, A-3 등으로 세분하였다. 하루를 시작하고 마칠 때는 10분만 계획하고, 계획할 때는 '프라임 타임(가장 집중도가 높은 시간)' 관리에 최대한 관심을 두었다.

유명한 프리랜서 컨설턴트인 공병호 박사는 시간 가계부를 쓰면서 꼼꼼하게 시간을 관리했다. 이것은 자투리 시간도 모으면 엄청난 시간이 되기 때문이다. 자투리 시간을 효율적으로 이용하려면 시간 가계부를 만든다. 이를 통해 매시간의 활동내용을 기록하는 것이 시간관리를 잘하는 최상의 방법이다.

시간관리의 십계명

시간을 효율적으로 관리하기 위해서는 원리가 요구된다. 이 원리는 시간을 잘 관리하여 시간의 생산성과 효율성을 증진시킨다. 이를 통하여 성숙한 신앙생활을 영위하고 하나님 영광을 위한 성숙한 신앙생활을 지속적으로 유지한다. 하나님은 크리스천에게 뱀같이 지혜롭고 비둘기같이 순결한 생활을 요구하고 있다. 크리스천이 시간을 풍성하게 잘 관리하기 위한 10가지 원리를 방법적인 측면에서 제시한다.

• 크리스천 내면세계의 질서를 찾으라

하나님 안에서 내면세계의 질서는 개인적인 예배와 묵상시간을 활용하여 찾는다. 하나님은 크리스천에게 하나님이 기뻐하시는 신령한 예배를 요구하신다. 론 세니는 "하루 중에 예수님과 일정한 기도시간을 가질 것"을 권면한다. 크리스천의 내면세계가 세상적인 병균으로 가득하면, 이를 청소하고 치료하는 것이 시급하다. 가정과 사회에서 상호 간 불만과 불평을 치유하지 않으면, 나중에는 호미로 막을 일을 가래로도 못 막게 된다. 각자의 아픔과 실망, 정신적인 스트레스를 부부 또는 성도 간에 털어놓는 진솔한 대화가 중요하다.

그러지 못할 때 우울증에 빠지며 정신적 · 육체적으로 큰 손상을 입게 된다. 이런 경우에 시간을 많이 낭비하고 정신적인 스트레스도 엄청 커진다. 행복하고 편안한 가정은 부부 간 사랑스런 대화를 통한 가족 사랑과 일체감에서 조성된다. 이를 위해서도 내면세계의 질서를 찾고 치유하는 것이다. 다시 말해 에덴의 마음으로 회복하는 것이 매우 중요하다.

• 개인적인 여가 · 휴식시간을 확보하라

바쁜 일상 업무에서 잠시 벗어나 자유 시간을 갖는 것이 좋다. 사람은 밤에 잠을 잘 자고, 낮에 일하는 것이 바람직하다. 당연히 밤을 세워가면서 일을 하는 것은 정신 및 건강에 좋지 않다.

기분전환을 위해서 취미생활을 하는 것이 중요하다. 자신의 관심사를 찾아내어 만족스럽게 행동하고, 잠깐 동안의 휴가도 필요하다. 가족사진 또는 학창시절의 친구사진을 감상하면서 위로를 받고, 추억을 상기시킨다. 따라서 시간을 재미있고 유익하게 보내는 것은 재창조를 위한 시간을 만드는 것이다.

• 개인적인 안식시간을 갖으라

안식은 일상에서 벗어나 편히 쉬는 것이다. 자신에 대해 소홀해지면 '나'라는 존재를 홀대하고 경시한다. 더구나 부부 간에 어느 절반이 상실된다면 부부관계는 파경에 이른다. 영적 지도자와 교제, 묵상, 또는 글쓰기 등을 통하여 안식시간을 갖는다.

• 규칙적인 운동시간을 확보하라

규칙적인 운동은 좋은 건강을 유지하는 지름길이다. 운동은 정신적인 스트레스를 완화한다. 또한 활발하고 개방적인 태도를 유지하여 삶을 풍부하게 만든다. 적극적이고 개방적인 사고가 형성되어 대인관계가 좋아진다. 건강한 신체에 건강한 정신이 함양되어 매사에 자신감과 자긍심이 높아진다.

• 창조적인 가족시간을 갖으라

창조적인 가족의 시간을 만들며, 가족과의 약속도 중요하다. 가족식탁에서 대화하면서 가족화합을 위한 소중한 시간으로 활용한다. 그 자리가 바로 의사소통과 정보교환의 자리다. 가족공동체로서 가족 사랑을 확인하는 시간이다.

• 가급적 상대방을 배려하고 칭찬하라

크리스천은 남을 판단하지 말고 형제 앞에 장애물이나 걸림돌을 놓지 않겠다고 결심해야 한다(롬 14:13). 오히려 서로 평화를 도모하는 일과 서로 덕을 세우는 일을 힘쓰는 것이 중요하다(롬 14:19). 그러나 사람들은 자신에게 기대되는 만큼 살려는 경향이 강하다. 손바닥으로 등을 두드려주는 것과 엉덩이를 때리는 것 사이에는 작은 차이가 있다. 하지만 그것은 엄청난 차이를 가져온다는 점을 명심해야 한다.

• 개인 예배와 경건의 시간을 가져라

크리스천은 신령한 예배를 통하여 이 시대의 풍조를 본받지 말고, 마음을 새롭게 함으로 변화를 받아야 한다. 그러면 하나님의 선하시고 기뻐하시고 완전하신 뜻이 무엇인지 분별하게 된다(롬 12:1~2). 크리스천은 예수님과 정규적으로 만나 대화해야 한다. 이것은 개인적인 예배와 경건의 기도시간을 통하여 가능하다.

사람이 규칙적으로 식사하지 못한다면 우리의 육체는 망가진다. 크리스천이 하루 중 일정한 시간에 기도하지 않지 않는다면 하나님과의 관계가 단절되고 육적인 그리스도인이 된다. 다윗은 아침마다 규칙적으로 하나님과의 기도시간을 습관처럼 가졌다(시 5:3). 예수님은 바쁜 일과를 마치고 피로에 지치셨지만, 아침에 일찍 일어나 외딴 곳으로 가셔서 경건한 기도의 시간을 보냈다(막 1:35). 경건의 장소는 교회, 주위의 경치가 좋은 기도원, 자연의 아름다움이 넘치는 장소들이 좋다.

• 자투리 시간을 잘 활용하라

티끌 모아 태산이라는 말이 있다. 중요한 일들 사이에 끼어 있는 자투리 시간을 유용하게 활용한다. 짧지만 모아 놓으면 많은 양이 된다. 차안에서 잠시 독서하거나, 산책하면서 아이디어를 구상하는 것도 효율적인 시간사용의 방법이다.

이런 차원에서 동시에 두 가지 일하는 것도 좋다. 예를 들어, 화장실에 잠깐 책이나 신문을 가져가 보든지, 집중이 필요하지 않은 일은 겹치기로 하는 것도 생각할 수 있다. 그 중에서도 아주 유용한 자투리 시간이 바로 아침 시간이다. 성경 인물을 통해 볼 때, 아침 시간이 소중하다는 것을 알 수 있다. 아침은 하루의 반이며, 아침이 살면 하루가 산다.

• 일의 우선순위를 잘 판단하라

우선순위는 다른 것에 앞서 매겨진 차례나 위치를 말한다. 우리는 생활하면서 매일, 주간, 월간, 연간 단위로 많은 활동, 모임, 업무 및 계획 등을 가지고 있다. 나날의 일상적인 활동에서 하고 싶은 것을 다 할 수는 없다. 즉 할 일이 많을 뿐만 아니라, 시간적·금전적인 제약도 따르며 불필요한 일도 있다.

따라서 일의 우선순위를 잘 결정하는 효율적인 시간관리가 요구된다. 지금 해야 되는가? 꼭 필요한가? 유익한가? 등의 기준을 정하여 우선순위를 매긴다. 모임도 꼭 필요한 경우에만 참석하는 삶의 지혜가 필요하다.

• 모든 일을 계획하는 습관을 기르라

하나님은 일 년, 한 달, 일주일, 하루 등의 단위로 시간을 주셨다. 그렇기 때문에 각각의 단위에 적합한 시간 계획을 수립해야 한다. 하루를 시작하기 전에 시간을 어떻게 사용할 것인지 계획하고 주간, 월간, 연간 단위로 구체적인 시간계획을 세운다. 각자 실천가능하고 단순하며 편리한 자신의 계획을 세워야 한다. 그러나 계획을 모두 실천해야 한다는 완벽주의나 강박관념에 빠지는 것은 금물이다. 사람이 마음으로 자기의 앞길을 계획하지만, 그 발걸음을 인도하시는 분은 하나님이다(잠 16:9).

그러므로 계획한 것을 성실하게 지켜 가면 그 만이라는 생각을 가져야 한다. 계획을 수립할 때도 완벽주의가 나타날 수 있다. 해야 할 일은 많고 모든 일을 다 완벽하게 하려면 조급해지고 일이 진척되지 않는 다. 어느 정도 현실을 인정하고 그에 맞는 실천 가능한 계획을 세우는 것이 요구된다.

❋ 시간관리의 십계명

❶ 각자 크리스천 내면세계의 질서를 찾으라.

❷ 개인적인 여가 및 휴식시간을 확보하라.

❸ 자기만을 위한 안식의 시간을 가져라.

❹ 규칙적으로 좋아하는 운동시간을 확보하라.

❺ 창조적인 가족시간을 가져라.

❻ 상대방을 가급적 배려하고 칭찬하라.

❼ 개인 예배 및 경건의 시간을 가져라.

❽ 자투리 시간을 잘 활용하라.

❾ 일의 우선순위를 잘 판단하라.

❿ 모든 일을 계획하는 습관을 기르라.

다시 생각하기 !

질문 1 크리스천 청년들에게 시간은 무슨 의미를 가지며, 시간은 어떠한 특성을 가지는가?

질문 2 실제 생활에서 충실한 시간관리가 왜 필요하고 중요한가?

질문 3 실제로 일상생활에서 시간을 잘 관리하고 있으며, 무엇이 효율적인 시간관리를 방해하는가?

질문 4 크리스천 청년들은 현실적으로 하루를 어떻게 보내며, 시간관리를 위한 무슨 전략들이 있는가?

질문 5 성서적으로 시간관리는 어떻게 하는 것이 좋은가?

질문 6 대학생이 시간을 잘 관리하기 위한 방법들은 무엇이며, 시간관리를 잘하기 위한 실천계획은 수립하는가?

Chapter 6.

성공적인 학업생활

- 학습목표와 태도
- 학습스타일의 파악
- 학기 단위 학업전략
- 학습역량의 강화

지혜 있는 자는 듣고 학식이 더할 것이요, 명철한 자는 모략을 얻을 것이라. - 잠언 1:5

배움이 없는 자유는 언제나 위험하며 자유가 없는 배움은 언제나 헛된 일이다. - 존 F. 케네디

Chapter 6

성공적인 학업생활

학습목표와 태도

대학의 학습목표

대학생은 학습목표가 명확해야 공부를 잘한다. 방황하는 대학생은 자신이 바라는 것을 정확히 알지 못하고 방향이 흔들린다. 명확한 학습목표는 대학생활을 충실하게 만들며 지속적으로 동기를 부여한다. 좋은 학습목표는 자신에게 가치와 실현가능성이 있고 현실성, 융통성 및 구체성을 갖는 것이다. 명확히 학습목표를 설정하려면 자신을 잘 이해해야 한다. 학생 개인의 학습방식, 태도 및 성격을 파악하는 것이 중요하다.

학습목표에는 긴 시간이 필요한 장기목표와 쉽게 동기가 유발되는 단기목표가 있다. 단기목표는 주간, 월간 및 학기단위로 세운다. 장기목표는 졸업 후 5년, 10년 후의 목표로 긴 시간이 소요된다. 학습목표를 세우면 실천정도를 평가하고, 성취되었으면 자신에게 보상한다. 목표를 잘 달성하기 위해서는 주위에 도움을 요청하는 것도 좋다.

* 학습태도와 시간관리

대학 학습은 주어지는 것만 잘하던 고등학교의 학습과는 다르다. 대학에서 성공적인 학습은 학생 자신의 태도에서 시작된다. 보다 능동적, 적극적, 긍정적, 열정적인 태도로 공부해야 그 의미를 발견한다. 대학생은 적극적, 주체적으로 행동하고 생각할 필요가 있다. 시간이 많다는 핑계로 공부를 미루지 않고 철저히 예습과 복습을 한다. 지금 공부할 수 있음에 감사하며 긍정적인 자세로 공부한다. 수업시간에는 가급적 앞자리에 앉고 지각이나 결석을 하지 않는다. 수업도중에도 열린 마음으로 지식을 수용하고 졸거나 잡담을 하지 않는다. 가급적 한 달에 한권 이상 독서한다.

이러한 태도로 학습계획을 잘 실천하기 위해서는 효율적인 시간관리가 요구된다 중·고교 시절은 하루의 대부분을 주어진 시간표대로 보냈다. 대학생은 스스로 시간을 잘 계획하고 효율적으로 관리해야 한다. 이것은 대학생활의 성·패를 좌우하는 중요한 토대이다. 시간을 관리하는 것은 대학은 물론 졸업 후 사회생활에서도 자기관리의 핵심요소이다. 그래서 대학시절에 시간을 창조적으로 관리하는 습관을 길러야 한다. 진정한 시간 관리는 여유를 갖고 행복하게 자신이 해야 할 일을 완수하는 것이다. 시간을 생산적으로 관리하기 위해서는 먼저 현재 시간을 어떻게 활용하고 있는 지 파악한다. 그 후에 일의 우선순위를 설정하여 당장 할 일을 결정하고 세부목록을 만드는 것도 좋다.

✻ 학습목표 설정의 10가지 방법

❶ 장기 목표를 분명하게 설정하라.
❷ 장기 목표에 근거하여 단기목표와 과제를 설정하라.
❸ 과제를 여러 단계로 나누라.
❹ 목표달성을 통해 얻어지는 이득에 대하여 생각하라.
❺ 목표달성의 장애요인과 이를 극복하기 위한 사전대책을 강구하라.
❻ 목표달성에 필요한 자료나 정보를 사전에 충분히 확보하라.
❼ 목표달성에 대한 보상을 확실하게 하라.
❽ 목표달성 여부를 평가하는 기준을 정하여 중간 평가를 실시하라.
❾ 목표나 과제의 내용을 잘 보이는 곳에 붙여 놓으라.
❿ 계획의 일부를 더 좋은 방향 또는 현실적으로 수정하라.

학습스타일의 파악

대부분의 학생은 각자 자신만의 고유한 학습스타일을 가지고 있다. 하지만 자기의 학습스타일을 잘 모르고 공부하는 경우가 많다. 자기 학습스타일의 장점을 이해하고 효과적으로 활용하면 보다 능률적으로 공부한다. 일반적으로 대학생의 학습스타일은 적극적인 학습자, 사려 깊은 학습자, 논리적인 학습자, 실용적인 학습자로 구분한다.

* 적극적인 학습자

적극적인 학습자는 열정적이고 부지런하며 개방적인 성향이 강하다. 그래서 언제나 새로운 것을 시도할 준비가 되어있다. 이 학습자는 일상의 문제들에 대하여 브레인스토밍도 즐긴다. 그러나 새로운 시도를 많이 해도, 그것을 세밀하게 적용하거나 장기간 수행하는 것은 쉽게 실증을 느낀다.

적극적인 학습자의 강점은 열정적이고 유연하다. 새로운 것을 시도해 보려는 적극성이나 새로운 상황이나 변화의 조짐에 쉽게 흔들리지 않는다. 이의 약점은 충분한 생각과 준비 없이 행동하려는 경향이다. 고착화된 일상적인 업무에는 집중력을 유지하기 어렵다. 다른 사람과 함께 있는 상황에서 지나치게 행동하고 말하는 경향이 있다.

* 사려 깊은 학습자

사려 깊은 학습자는 매사에 주의와 생각이 깊고, 자료를 철저하게 수집한다. 어떤 하나의 결론에 도달하기 전에 문제를 여러 각도에서 조망하고 다양한 가능성을 생각해 본다. 자신의 의견을 내세우기에 앞서서 토론하거나 남의 의견을 듣는다. 또한 이것을 관찰하며 상대적으로 낮은 자세를 취한다.

이 학습자의 강점은 주의 깊고 사려 깊은 데 있다. 방법론적이고 철저하며 다른 사람들의 말을 잘 듣고 자료 수집에 능숙하다. 반면에 약점은 자신의 마음을 정리하고 어떤 일을 결정하는데 지체한다. 너무 조심스러워서 모험을 하지 않으며 직접적으로 단체 활동의 참가를 주저한다.

* 논리적인 학습자

논리적인 학습자는 정렬되고 합리적인 방식에 따라 차근차근 생각한다. 분석하고 종합하는 것을 좋아하며 명확한 이론이나 구조에 맞추어 생각한다. 이들은 사물의 원인을 파악하거나 사실을 일반적인 상황에 적용하고자 노력한다. 그러나 주관적인 판단이나 창의적인 생각은 꺼린다.

이 학습자의 장점은 합리적이고 방법론적이며 규율에 맞추는 것을 좋아하고 객관적인 것이다. 사물을 완전히 이해하기 위해 탐구적인 질문을 시도한다. 이들의 약점은 사물을 보는 새로운 관점을 찾아내는 데 능숙하지 못하다. 주관적이고 직관적인 시도에 대해서 새로운 가치를 부여하지 않는다.

실용적인 학습자

실용적인 학습자는 아주 현실적인 것이 특성이다. 어떤 문제에 대한 해결 방안을 찾고 결정하기를 좋아한다. 그리고 새로운 생각, 이론 또는 기술이 실제로 효과를 발휘할 수 있는지 시험한다. 일을 진척시키기를 좋아하며, 매력적인 아이디어를 신속하고 자신 있게 실행에 옮긴다.

이 학습자의 장점은 현실적이고 사무적이며 시간을 낭비하지 않는다. 사물을 시험해 보기를 잘 하며 어떤 일의 결론을 잘 도출한다. 약점은 이론과 기본 원칙에 충분히 주의를 기울이지 않고 실용성이 드러나지 않는 일은 기피한다. 다양한 대안들을 심사숙고하여 평가하는 일이 적다. 그래서 어떤 문제에 대하여 처음 떠오른 해결방법에만 집착해서 실행한다.

학기 단위 학업전략

학기 초 학업전략

• 수강신청과 강의계획

수강신청은 학기수업을 효과적으로 관리하는 첫걸음이자 기본이다. 수강과목을 직접 선택하는 것은 대학생활의 장래와 수업에 중요하다. 졸업이수 학점을 꼼꼼히 생각하고 강의계획서를 검토하여 수강과목을 선택한다. 필수과목은 가능한 정해진 학기에 수강하고, 강의시간을 특정요일에 집중적으로 배정하는 것은 피한다. 수강변경 기간을 적절히 활용하고 어려운 교과목은 과목 전·후로 여유시간을 확보한다. 자신의 생체리듬과 환경을 적절히 배분한다. 전공과 연계성이 있는 인접 학문의 과목을 수강하는 것도 좋다.

• 강의 첫 시간

강의 첫 시간에 과목 정보와 교수의 특성을 파악하는 일이 중요하다. 반드시 첫 수업에 참석하여 주의를 기울인다. 과목의 학습목표를 잘 검토하고 수업내용과 형태, 과제물과 평가방법, 세부 강의 일정을 확인하다. 과목에 연관된 주 교재와 참고문헌을 자세히 보고 교수의 연락처 및 연구실도 알아 둔다.

* 학기 중 학업전략

• 능동적인 듣기와 질문하기

강의는 대학 학습의 기본이다. 강의내용을 잘 이해해야 좋은 학점을 받는다. 강의내용을 잘 이해하는 첫째 방법은 강의를 잘 듣는 것이다. 강의를 잘 들을 수 있는 자리를 맡고 강의 전에 학습내용을 예상해 본다. 가급적 강의 중에 흥미롭고 도전적인 내용을 찾도록 한다. 강의 흐름을 타면서 전체 내용을 파악

능동적 수업듣기의 3 요소

- **태도(Attitude)**: 호기심과 긍적적인 태도로 수업에 임하라.
- **주의집중(Attention)**: 집중 또 집중하라.
- **조정(Adjustment)**: 유연하게 대응하자.

하며, 이해가 되지 않는 내용은 질문한다. 강의실을 나오기 전에 2분간 배운 것을 검토하고 필기한 내용을 다시 읽어본다.

능동적으로 수업을 듣는 것은 깊이 있는 이해, 조직 및 구조화, 그리고 판단과 평가활동을 수반하는 적극적인 활동이다. 능동적으로 수업을 들을 때는 머릿속에서 다양한 활동이 발생한다. 특히 수업시간에 질문하는 것은 강의내용을 적극적으로 이해하려는 수강 행위이다. 질문을 하기 위해서는 우선 강의를 잘 듣고 자료를 꼼꼼히 본다. 교수강의를 토대로 지적인 질문을 만드는 연습이 필요하다. 그리고 자신이 만든 질문을 수업 중에 확인한다.

• 필기하기

강의 도중에 그 내용을 놓쳤다고 앞으로 돌아갈 수 없다. 강의를 집중해서 들어 충분히 이해했어도 시간이 지나면 다시 잊어버린다. 노트 필기는 배운 것을 기억하고 유용하게 활용하는 좋은 수강방법이다. 노트를 정리하는 그 자체만으로도 기억력을 향상시키며 정신 집중을 강화시킨다.

노트필기는 종합장보다 루즈리프식(페이지를 마음대로 끼워 넣는 방식)의 파일을 이용하며 노트에 약간의 공간을 남겨놓는다. 중요한 내용을 골라서 필기하고 적절한 약어도 사용하는 것이 편리하다. 강의 중 교수가 말하는 비유나 실례를 놓치지 않는다. 노트필기 내용을 공유할 수 있는 강의친구를 만들고 24시간 안에 노트를 다시 정리한다.

노트 필기의 내용

- 수업목표와 관련된 내용
- 반복해서 말하는 내용
- 칠판에 판서한 내용
- 핵심내용과 세부정보 기록
- 강의주제와 관련된 내용위주 필기

코넬식 노트정리법

단서	노트정리
내용에 대한 절적한 질문작성	강의내용을 기록
요약 노트 정리란과 단서부문을 살펴보면서 전체내용을 한 두 문장으로 요약해서 작성	

- 토론학습

토론학습은 대학수업에서 많다. 학생은 토론학습을 통해 객관적 분석 능력, 논리적 사고력, 발표력, 정보수집 능력, 적극적 경청 능력, 리더십 등을 함양한다.

토론 전에는 토론유형과 장소를 점검한다. 토론이 잘 이루어지는 데 기초가 되는 교감 형성을 위한 활동(명단 작성, 좌석배치)을 계획한다. 토론 중에는 토론진행의 기본사항을 숙지한다. 명확한 의견 전달을 위해서 근거나 전제보다는 의견과 결론을 먼저 말한다. 경청과 긍정적인 피드백 자세를 취하고 토론자는 메모하면서 듣는다. 토론 종결 시 적절한 합의에 도달하기 위해 아이디어를 묶고 요약한다. 토론에서 제기된 문제를 다시 정리한다. 토론 후에 개별적인 정리시간을 갖는 것이 중요하다. 지난 토론의 과정과 내용을 파악하고 적절한 토론유형과 기술을 생각한다.

토론학습의 참여방법

- 사적인 논쟁을 피하라.
- 공식적인 언어를 사용하라.
- 토론이 긍정적인 학습이 되도록 노력하라.
- 다른 사람의 의견을 경청하라.
- 독단적인 태도를 버리고 진지한 태도로 임하라.

• 발표

발표는 어떤 사실이나 결과, 작품 따위를 세상에 널리 드러내어 알리는 것이다. 발표의 중요한 목적은 발표내용을 청중에게 효과적으로 전달하는 데 있다. 학생은 자신의 과제를 다른 학생들 앞에서 발표할 기회가 있다. 발표를 잘하기 위해서는 많은 준비가 필요하다.

발표하기 전에 목표를 설정하고 요지를 정리한다. 발표내용을 체계적, 논리적으로 준비하고 발표 자료는 미리 준비하여 연습한다. 발표 중에는 청중의 주의를 집중시킨 뒤에 발표한다. 발표자로서 시간, 음성, 동작, 의상, 흥미유발을 고려하여 적절한 태도를 갖춘다. 발표자료를 제시할 때 다른 학생에게 잘 전달될 수 있도록 노력한다. 발표하는 동안에 다른 학생의 반응을 살피면서 진행한다. 시청각자료를 활용하여 청중의 관심을 집중시키고 자신감을 가지고 말한다.

발표 후에 질문여부를 물어보고 간단명료하게 답변하는 것이 필요하다. 발표 후 자신의 발표결과를 설문지를 배포하여 평가하는 것도 좋다. 그래서 발표 이후 부족한 부문을 점검하고 그것을 고치기 위해 노력한다.

❀ 발표 기술의 십계명

❶ 먼저 전체 윤곽을 제시하고 세부내용을 발표한 후에 요약과 결론을 설명하라.
❷ 밝은 목소리로 크게 발표하고 핵심요점을 반복하라.
❸ 항상 미소를 지으며 제스처를 적절히 사용하여 발표하라.
❹ 멋지게 서서 자연스럽게 발표하라.
❺ 시청각 자료를 사용하여 명확하게 말하라.
❻ 중요한 부분은 세부 항목으로 나누어서 자세히 발표하라.
❼ 숫자를 의미 있게 만들어 자주 사용하여 설명하라.
❽ 핵심적인 메시지를 서두에서 말하라.
❾ 작은 실수에 어리둥절하지 말고 반복적으로 연습하라.
❿ 청중을 정면으로 보면서 자신감을 갖고 발표하라.

• 기억력 향상

인간은 망각의 동물로서 무엇을 잊어버린다는 것은 자유스러운 현상이다. 하지만 오랜 시간이 지나도 뚜렷하게 기억하는 정보가 있다. 수업내용을 잘 기억하는 것은 아주 좋은 일이다. 잘 기억하기 위해서는 규칙적으로 반복하고 다양한 연상 작용을 활용한다. 자신의 노트에 학습내용을 잘 정리하는 것도 기억력 향상에 도움이 된다. 시, 이야기, 노래 등 다양한 방법을 이용하여 기억하며 자신의 기억을 반드시 점검하고 확인한다.

• 학습방법의 개선

대학에서 중·고교 시절처럼 열심히 공부한다고 반드시 좋은 성적을 받는 것은 아니다. 대학에서는 자기 주도적, 자기조절 학습 등 스스로 학습목표를 설정하고 최적의 학습 환경을 만들어가는 방법이 필요하다. 현재 학생자신의 학습태도와 방법을 살펴보고 개선하는 것이 중요하다.

* 학기 말 학업전략

• 우수 리포트(A+) 작성

리포트는 일정한 주제에 대한 이해도, 문제해결과 조사연구 능력을 알아보기 위한 논문형식을 갖춘 글이다. 리포트 작성은 특정 과목에 대한 학습내용의

리포트 작성 시 확인사항

- **논리성**: 단락마다 논리적으로 연결되어 있는가?
- **통일성**: 모든 단락은 한 가지 주제를 말하고 있는가?
- **정확성**: 철자법, 문법, 구두점은 올바른가?
- **객관성**: 각주, 인용문, 참고문헌은 정확한가?

체득은 물론 연구방법을 익히는 좋은 수단이다.

A+ 리포트를 받기 위해서는 리포트의 제출의도를 파악하여 읽고 보기 쉽게 만든다. 리포트는 다른 자료의 짜깁기 혹은 단순 복사로 만들어서는 안된다. 기본 흐름을 이해하면, 좋은 리포트를 작성하는 데 아주 도움이 된다. 이것은 리포트의 주제결정, 자료조사와 수집, 개요 작성하기, 글쓰기, 검토 및 수정하기 등으로 구성되어 있다.

• 시험

시험은 대학생활에서 성적과 직결되는 중요한 학습활동이다. 대학에서 중간 및 기말고사에 대한 압박감은 다소 있다. 시험 전에 적절한 긴장감은 어느 정도 좋다. 하지만 지나친 긴장감은 수면부족, 식욕부진 및 탈모를 가져와 건강을 해친다. 과도한 긴장감은 시험 준비와 응시에 방해가 된다. 그러므로 시험불안을 극복하고 기분 좋게 시험에 대비하는 여유와 지혜가 필요하다.

시험불안을 극복하려면, 사전에 시험 준비, 긍정적인 다짐, 성공적인 자신 모습의 시각화 및 긴장풀기 등이 요구된다. 시험 전에 시험정보의 파악, 교재내용의 이해, 기출문제의 검토, 필기노트의 숙지, 시험범위의 요약과 암기, 출제의도 분석 및 모범답안의 작성의 전략들이 중요하다. 시험 당일에 개인사정으로 충분히 준비하지 못했어도 포기하지 말고, 남은 시간동안 최선을 다해야 한다.

시험을 보는 시간에는 전체문제를 파악하고, 잊어버리기 쉬운 내용은 먼저 메모한다. 문제를 시험시간에 맞게 계획적으로 분배하고 쉬운 문제부터 풀기 시작한다. 문제를 잘 읽고 출제자의 의도를 파악하여 답안을 작성하고 재차 확인한다. 시험 후에는 시험문제를 다시 점검하고, 부족 및 간과한 부문을 검토하여 다음 시험에 대비해야 한다.

문제유형별 답안 작성 전략	
단답형 문제	분명 · 정확하게 한 두 문장으로 정리
복수정답형 문제	모든 답을 읽고 불분명한 답은 정확한 기억 시 고치며 질문에 주의
논술형 서술 문제	주요내용과 채점비중 고려 개요구상 중심개념과 문제 제시와 요구사항 기술 서론의 개요, 본론의 논지와 사례 요약의 결론, 사례, 자료와 문헌의 인용

학습역량의 강화

질문 및 발표하기

• 질문하기

대학수업에서 궁금증은 바로 유의미한 학습으로 연결될 수 있다. 수업 중에 궁금한 내용을 질문하는 것이 바람직하다. 질문의 장점은 질문자 및 답변자의 사고를 모두 자극한다. 질문은 상대방 이야기에 관심을 보이는 행위로서 사람의 마음을 열거해 준다. 질문을 잘하기 위해서는 관찰하는 자세를 갖고 일상적으로 질문하는 습관을 기른다. 질문자는 타인에게 질문하는 것을 두려워해서는 안된다.

질문의 종류에는 폐쇄형 질문과 개방형 질문이 있다. 폐쇄형 질문은 어떤 사항에 대하여 확인하거나 정보를 얻을 때에 활용하며 대화가 단답형으로 끝난다. 개방형 질문은 응답자를 생각하게 만들며, 심층적인 대답과 의견교환을 유도할 수 있다. 또한 응답자로부터 얻는 대답의 정도에 따라 일반적인 질문과 구체적인 질문으로 구분한다.

• 발표하기

우선 발표 자료를 만들어 발표를 준비한다. 자료의 글씨는 크게 하고, 한 페이지에 너무 많은 내용을 담지 않는 것이 좋다. 시각자료는 꼭 필요한 경우에 활용하며, 발표 자료는 디자인을 잘 고려하여 만든다. 발표 전에 생기는 긴장감이나 불안을 대처할 필요가 있다. 사전에 발표를 철저히 준비하고 발표 장소에서는 실전처럼 예행연습을 한다. 최선을 다한다는 각오로 자신 있게 발표하며, 긍정적인 마음으로 자기 암시를 준다. 시작 전에 마시는 한 잔의 차는 긴장을 완화시킨다. 청중 각자에게 분명히 전달한다는 생각으로 설명한다.

토론하기와 기억의 원리 이해

• 토론하기

토론은 2명이상의 사람들이 특정 주제에 대하여 다양한 생각을 공유하고 논의하는 과정이다. 이를 통하여 의사소통 능력, 논리적 사고력, 비판적 사고력을 기른다. 토론은 도입부, 중심부, 종결부로 구성된다. 도입부에는 문제인식의 내용으로 문제의 배경, 의미와 중요성을 공유한다. 토론의 중심부에서는 쟁점분석, 대안모색 및 교차조사와 반박 등의 활동들이 일어난다. 토론을 종결할 때 대체 방안과 최종 입장을 정리하는 것이 중요하다.

올바르게 토론에 참여하려면, 토론 전에 논의될 내용을 재차 검토한다. 상대방의 입장과 생각에 대해서도 충분히 고려한다. 상대방의 말을 끝까지 경청하는 열린 마음을 갖는다. 토론 중 상대방 이야기의 핵심사항을 간단하게 메모하여 듣는다.

• 기억의 원리 이해

기억은 지식이나 경험을 받아들인 다음 이것을 기억하기 위해 노력하고 점검하는 과정이다. 기억은 공부하고 생각하는 습관과도 연관되어 있다. 사람의 인지능력을 위계화 했을 때에 기억할 정보를 판단하고 기억 여부를 점검하는 것은 상위 인지능력에 속한다. 상위인지는 기억, 이해, 주의집중, 의사소통 및 문제해결 등에 중요한 역할을 수행한다.

기억의 원리를 이해하기 위해서는 암기보다는 이해하며 기억에도 이유가 있다. 기억의 효과는 지식을 연결시키고 묶어보는 경우에 크다. 복습은 공부한 내용을 장기간 기억하는 데 도움이 되며, 충분한 수면도 기억력 향상에 기여한다.

효과적으로 학습내용을 기억하기 위하여 능동적인 학습, 논리 구성하기, 기존 학습내용과의 연결이 필요하다. 그리고 정보를 시각적인 이미지로 기억하며, 분산학습이 기억에 효과적이다. 기억술을 활용하거나 긍정적인 태도를 갖고 기억의 방해요인을 없애는 일도 기억력을 증진시킨다.

* 비판적인 사고능력

비판적인 사고능력은 주어진 정보, 의견, 문제에 대한 해결책을 정확성, 명료성, 엄밀성, 논리성 등의 기준으로 평가하는 것이다.

그리고 더 나은 결과물을 만들도록 체계적으로 개입하는 사고활동이다. 창의적인 사고는 과제를 다양한 관점에서 이해하고 다양한 해결책을 산출하는 활동과 연관되어 있다.

비판적인 사고능력은 현대사회에서 제공되는 정보와 의견을 판단하기 위해서 요구된다. 사고능력은 자신의 사고활동을 분석하고 평가한다. 또한 생각을 논리적으로 전개하여 타인을 설득하는 데 도움을 준다. 개인이 직면하는 문제에 대하여 효과적인 해결책을 만드는 데 중요한 기능을 수행한다.

> **비판적 사고의 저해 요인**
>
> - 내 것이 최고라는 인식, 당연한 것으로 생각하는 습관
> - 체면 세우기, 변화에 대한 저항
> - 동조적 태도, 고정관념, 자기자만

비판적인 사고력을 개발하기 위해서는 자기 자신에 대해 비판적으로 사고하고 자신의 잠재능력을 탐색한다. 주어진 상황이나 문제에 대한 분석적인 사고능력과 개발이 요구된다. 문제 상황에서는 단순한 방향의 제시보다는 구체적으로 실행가능한 해결책을 제안하는 것이 중요하다.

글쓰기

글쓰기는 미래를 살아가기 위해 필수적으로 갖추어야 할 능력이다. 글쓰기는 누구에게나 부담스러운 작업이다. 글쓰기는 누구나 잘 할 수 있고 훈련을 통해 지속적으로 익혀야 한다. 글쓰기는 지식의 생산과 활용이 중요한 지식사회에서 핵심적인 능력이다. 글쓰기를 통하여 사고의 훈련, 신지식의 함양, 합리적인 의사소통 능력의 증진에 크게 도움이 된다.

대학에서 글쓰기는 대개 학술적인 특성이 강하다. 학생은 근거자

료를 활용하여 자신의 생각을 논리적으로 서술해야 한다. 그 절차를 보면, 우선 자료조사와 이해를 바탕으로 글쓰기의 내용을 파악하고 구체화시킨다. 이를 토대로 자료를 조사하고 수집하여 정리하는 것이 필요하다. 그 후에 개인생각을 논리적, 구체적 및 체계적으로 글로 표현한다. 여기에서는 일반적인 글쓰기 규칙이나 지침을 참조하는 것이 좋다. 글을 쓰고 나서 퇴고한다. 이것은 자신의 글을 인쇄하여 검토하고 수정 및 보완하는 작업이다. 끝으로 자신이 쓴 글들을 잘 보관하고 활용하여 글의 가치와 쓰임새를 높인다.

다시 생각하기!

질문 1 대학의 학습목표는 무엇이며, 좋은 학습태도를 가지고 시간을 잘 배분하여 학업을 관리하고 있는가?

질문 2 학습스타일에는 무슨 종류가 있으며, 대학생 청년은 자기만의 고유한 학습스타일을 가지고 있는가?

질문 3 학기 초에 학습을 잘 관리하기 위해서 필요한 학습활동들은 무엇인가?

질문 4 학기 중에 필요한 학습전략들은 무엇이며, 이 중에서 특히 무슨 학습활동에 더욱 관심을 가지고 있는가?

질문 5 학기 말에 요구되는 학습전략들은 무엇이며, 리포트 작성과 시험은 어떻게 대비하는 것이 훌륭한가?

질문 6 대학생 청년이 학습역량을 강화하기 위해서 무슨 활동과 전략들이 요구되는가?

Chapter 7.

건강한 몸과 마음

- 건강의 개념
- 이상적인 건강법과 질병치료
- 규칙적인 운동과 영양관리
- 금연, 절주와 스트레스 관리

사랑하는 자여 네 영혼이 잘 됨같이 네가 범사에 잘되고 강건하기를 내가 간구하노라. - 요한삼서 1:2

건강을 유지하는 것은 자신에 대한 의무이며, 또한 사회에 대한 의무이다. - B. 프랭클린

Chapter 7

건강한 몸과 마음

건강의 개념

인생에서 가장 소중한 것이 무엇이냐고 질문하면, 누구나 서슴없이 "건강"이라고 대답한다. "재산을 잃은 것은 조금 잃은 것이요, 명예를 잃은 것은 많이 잃은 것이요. 건강을 잃는 것은 모두 잃는 것이다".라는 금언이 있다. 부자 중에서 진정한 부자는 건강을 가진 사람이다. 자유는 모든 사람이 원하지만, 건강 없이는 자유도 없다. 건강 없이는 좋은 국민, 부모, 자녀, 형제 및 이웃이 될 수 없다. 그러므로 모든 사람이 건강하기를 바란다. 인생에서 가장 어리석은 짓은 어떤 이익을 위하여 건강을 희생시키는 일이다. 오늘날 많은 사람이 건강에 대하여 아주 관심이 많다. 그러나 분명히 진정한 건강이 무엇인가? 에 대하여 아는 사람은 적다.

건강은 병들지 않고 언제나 앞을 향하는 자세로 활동할 수 있는 몸과 마음을 가지는 것을 의미한다. 건강은 단순히 병이나 허약한 것이 없고 육체적, 정신적, 사회적으로 완전히 평안한 상태이다. 건강은 사람이 일을 해나가는 과정에서 육체적, 정신적, 사회적인 적응에서 불편함이 없는 상태이다. 아무리 신체가 튼튼해도 사람과 올바른 관계가 없는 사람은 건강한 사람이 아니다. 육체는 정신적, 사회적인 활동에서 불편이 없으면 된다.

건강한 사람은 자기 직분에 맞도록 육체와 정신이 적응되어 가는 사람이다. 육체와 정신이 건강하면 사회에서 인간관계도 자연히 원만해지며 건강인의 모습이 된다. 올바른 건강관은 올바른 건강법을 찾아 실천하는 데 필요하다. 건강과 생명은 각자의 일에 보람을 느끼면서 부지런하고 규칙적으로 검소하게 살면 잘 유지할 수 있다. "올바른 생활을 열심히 하면 건강이 주어진다."는 믿음이 있는 인생은 건강하고 발전한다.

◆ 건강의 개념 ◆

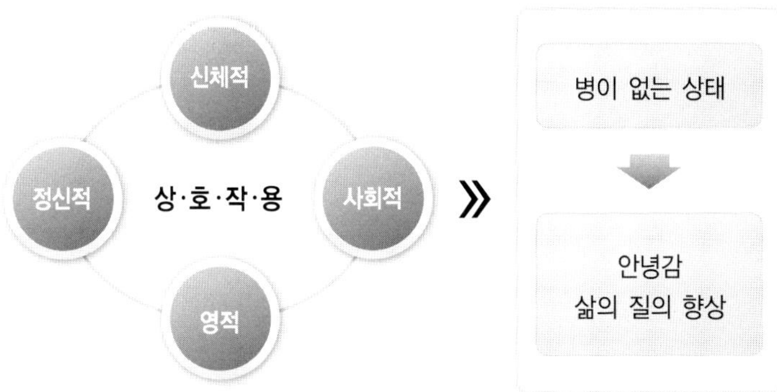

자료: WHO

이상적인 건강법과 질병치료

예수님의 건강법

성경은 그리스도인의 영 · 혼 · 육의 건강에 대하여 크게 강조하고 있다. 사랑하는 자여 그대의 영혼이 건강한 것처럼 그대의 모든 일이 잘되고 몸도 건강하기를 기도한다(요삼 2). 이 말씀은 그리스도인의 이상적인 건강모형을 언급하고 있다. 기독교인의 건강은 영적, 정신적, 사회적 및 육체적으로 쾌적함을 말한다. 그래서 하나님은 크리스천의 온 영과 혼과 몸이 흠 없이 보전되기를 원하신다(고전 6:19).

예수님은 공생애 동안 어디를 가시든지 복음 전파와 치유사역을 감당했다. 예수님은 천국 복음의 전파, 말씀교육, 병든 자의 치유, 연약한 자의 강건케 함 및 마귀에 눌린 자의 해방 사역에 집중했다. 이것은 예수님이 온 몸과 마음과 영혼을 온전히 치료하였음을 의미한다. 예수님은 평생 동안 자기의 생활 및 건강관리에 탁월한 분이라는 것을 시사한다.

의학적으로 보면, 모든 병의 원인은 스트레스로 인해 발생한다. 스트레스는 생리적, 정신적 및 영적 스트레스로 구분된다. 인간의 병은 인류역사에서 추위, 더위, 오염 물질 등 생리학적 스트레스에 의하여 생긴다. 개인, 가족, 사회의 대인관계에서 기인한 정신적 스트레스 및 마귀의 유혹과 공격에 의한 영적 스트레스도 그리스도인에게 질병을 유발한다. 그럼에도 불구하고 성경에는 예수님은 한 번도 몸이 아파 누웠다는 기록이 전혀 없다.

예수님은 매일 새벽 미명에 일어나 신선한 공기와 생수가 있는 산에 오르며 묵상시간을 가졌다. 그 분은 자연스럽게 적절한 운동을 하였다. 예수님은 신선한 공기와 오염되지 않은 물을 충분히 마셔 건강을 유지했다. 물은 염증을 가라앉히고 산성을 희석함은 물론 독소를 용해하여 배설을 쉽게 한다. 인간에게 충분한 양의 수분 섭취는 건강에 매우 중요하다. 아무리 독한 독약이라도 충분히 희석만 되면 해가 되지 않는다. 여기에서 예수님의 이상적인 건강관리의 비결을 파악할 수 있다.

• 적절한 휴식을 자주 취하였다

말씀 전도, 치유기도, 교육 등의 사역이 끝나면 수시로 한적한 곳에 갔다. 그곳에서 안식하며 낮이면 잠깐 자고 휴식을 취함으로써 지친 몸을 빨리 회복했다.

• 깊은 잠을 잤다

잠을 잘 경우에 숙면하였던 기록을 성경에서 찾아볼 수 있다. 파도가 넘실거려 바닷물이 배에 들어와 가라앉게 되어도 수면을 취했다. 오히려 제자들이 깨워야 일어날 정도였으니 얼마나 깊은 잠을 잤는지 알 수 있다. 현대 임상의학에서 보면, 깊은 숙면과 15분 정도의 낮잠은 건강의 필수 요건이라고 말한다.

• 건강 음식을 들었다

예수님이 살았던 지중해 연안 음식이 건강 식이요법으로 떠오르고 있다. 모든 음식은 유대인의 전통에 따라 불에 구웠다. 누룩 없는 빵, 불에 구운 생선과 조리된 지중해 음식을 들었다. 통곡으로 빚은 빵을 먹었다. 통곡은 우리 몸에 필요한 탄수화물과 불포화지방, 각종 무기질과 비타민이 많이 들어있다.

• 장시간 걷고 효과적으로 운동했다

예수님은 별도로 운동을 하지 않았지만 도보로 이동하였다. 예수님은 도처에 복음을 전파하기 위하여 무척 많이 걸었다. 학자들은 1일 20~30km를 빠른 걸음으로 여행하였을 것으로 추정하고 있다. 속보는 가장 효과적으로 지방을 태우는 유산소 운동이다.

• 스트레스를 바로 해소했다

사람은 정신적인 건강을 위해서 마음의 모든 스트레스를 바로 해소해야 한다. 그렇지 않으면 스트레스가 누적되어 우울증, 강박관념, 및 공황장애 등이 발생한다. 예수님은 이 세상에 살았던 누구보다도 스트레스를 가장 많이 받았다. 성경을 보면, 예수님은 세상에 계실 때 자기를 죽음에서 구원해 주실 분에게 크게 부르짖으며 눈물로 기도와 소원을 올렸다. 그 후 예수님은 경건한 복종으로 하나님으로부터 기도의 응답을 받았다.

• 성령의 능력과 기도로 건강을 유지했다

성령은 생명의 영이시며 창조의 영이시며 어둠을 이기는 빛이다. 예수님은 영적 스트레스인 마귀의 일을 멸하려고 이 땅에 왔다가 말씀하셨다. 그리고 우리에게 보혜사 성령을 보냈다. 그러므로 평화의 하나님이 우리를 온전히 거룩하게 하시고 주님이 다시 오실 때 우리의 영과 혼과 몸을 흠

✽ 예수님의 건강법

❶ 적절한 휴식을 자주 취하였다.
❷ 깊은 잠을 잤다.
❸ 건강 음식만을 들었다.
❹ 장시간 걷고 효과적으로 운동했다.
❺ 스트레스를 바로 해소했다.
❻ 성령의 능력과 기도로 건강을 유지하였다.

없이 완전하게 지켜주시길 기도하는 것이 매우 필요하다(살전 5:23).

* 성서적인 질병치료

성서적인 시각에서 보면, 하나님은 병을 4가지 방법으로 치료하신다.

• 자연적인 치료이다

병에 걸렸을 때 요양 또는 휴식, 음식을 통하여 병을 치료한다.

• 의료행위를 통해 병을 치료한다

의료는 하나님이 성도에게 주신 은혜이다. 왜냐하면 의학기술의 발달과 의사의 치료는 하나님의 보편적인 은혜에 속한다. 당연히 성도가 병원에 가는 것은 일상적인 예수님의 보편적 은혜이다.

• 기도를 통해 병을 치료한다

이것은 하나님께서 특별한 경우에 하나님의 뜻을 위하여 사용한다. 보통 성도가 기도를 하면 병이 낫는 다는 생각을 쉽게 한다.

• 죽음을 통하여 병을 낫게 한다

죽음은 인간 측면에서 보면, 애통하고 슬프고 안타까운 것이다. 그러나 하나님의 입장에서 보면, 죽음은 완전한 치료이다. 보통 병에 대하여 자연, 의료 및 기도를 통한 치료방법은 불완전한 치료이다. 암에 걸려서 3~4기에 이르면, 환자의 고통은 아주 심하다. 무의식 상태로 기독교인이 장시간 있다면, 개인, 가족 및 사회에 엄청난 악영향을 미친다. 이런 경우에 하나님은 죽음을 통하여 인간에게 마지막으로 영원히 치료하신다. 따라서 인간은 죽음에 대하여도 하나님께 돌아간다는 사고전환이 요구된다.

규칙적인 운동과 영양관리

규칙적인 운동

장기간 하는 규칙적인 운동은 건강증진과 질병예방에 도움을 준다. 규칙적으로 운동하면 심폐기능과 대사 과정이 향상된다. 또한 근골격계 상태가 호전되며 심리적으로 좋은 영향을 미친다. 건강인이 운동을 하면, 신체의 작업능력, 심폐기능과 대사기능이 좋아진다. 그 기능들은 4~6주 동안 운동을 하지 않으면 다시 감소한다. 심근경색증 환자도 적절한 운동을 하면 삶의 질이 향상되고, 사망률 및 심장발작 위험률이 20~25% 정도 감소한다.

지속적이고 규칙적으로 운동해야 그 효과가 나타난다. 운동을 정확히 알고 계획적인 프로그램 하에서 규칙적으로 해야 효과가 좋다. 비용을 고려하면, 걷기, 달리기, 롤러스케이트, 농구, 등산, 탁구, 자전거 타기, 배드민턴 및 수영 등을 권장한다. 연령별로는 50세 이하는 수영과 배드민턴, 50-60세는 걷기와 탁구, 전체 연령층에게 조깅, 등산, 및 자전거 타기를 추천한다. 조깅, 탁구, 등산, 자전거 타기와 수영은 유산소 운동으로 지구력 향상과 심폐기능 강화에 크게 도움이 된다.

• 운동의 종류

모든 운동이 건강효과를 보여주지는 않는다. 유산소 운동은 전신의 큰 근육들을 반복적으로 사용한다. 그래서 심폐기관에 지속적으로 자극을 주어 건강효과가 크다. 여기에는 걷기, 조깅, 자전거, 줄넘기, 수영, 등산, 골프, 에어로빅, 댄스 등이 있다. 웨이트 트레이닝, 역도, 단거리 경주, 점프, 던지기 등의 무산소 운동은 혈관 저항 및 혈압 상승을 초래하므로 고혈압 환자는 주의해야 한다.

걷기는 관절에 체중 부하가 적게 걸려 비만과 관절염 환자에게 좋다. 관련된 운동에는 수영, 자전거 타기, 산보 등이 있다. 노약자 및 허약자는 가급적 신체접촉이 많은 운동을 피해야 한다. 유산소 운동 중에서 개인적으로 재미있고 신체여건에 적합한 운동을 선택하는 것이 좋다.

• 운동의 강도

적당한 운동은 신체에 부담을 안주고 운동효과가 나타나는 정도이다. 심폐기능에 부담되지 않는 범위 내에서 충분한 자극을 주는 것이 양호하다. 운동 강도의 측정방법은 다양하지만, 보통 심박수를 이용한다. 목표 심박수는 최대심박수의 60~85%를 표시한다. 최대 심박수는 220에서 자신의 나이를 제한 수치이다. 예를 들어 자신의 나이가 40세이면 최대 심박수는 220-40으로 180이 된다. 따라서 약 110~150정도의 심박수를 낼 정도의 운동을 권장한다.

심박수는 운동 중 또는 운동 직후 손목이나 목에서 뛰는 박동의 수를 잰다. 초보자는 40~60%에서 시작하여 점차 적응이 될수록 운동 강도를 높인다. 약간 힘들다고 느끼며 땀이 촉촉이 나올 정도로 호흡곤란을 겪지 않고 알아듣게 말할 정도로 운동하는 것이 바람직하다.

• 운동 빈도와 운동시간

운동 빈도는 보통 1주에 3~5회가 적당하다. 매일 운동하는 것은 신체손상의 위험이 크며 피로를 유발하고 흥미를 잃게 만든다. 1주일에 1~2회 미만 하는 운동은 건강의 증진효과가 아주 적다.

운동의 지속시간은 고강도의 운동이면 짧게, 저강도 운동이면 좀 더 길게 한다. 고강도 운동은 30~40분 정도가 적당하다. 1주에 3~5회 정도로, 한번에 30분 이상 하는 운동이 효과적이다.

영양과 식사관리

좋은 영양은 건강을 증진하는데 중요하다. 식습관은 질병예방, 에너지 보존 및 생산적인 삶에 중요한 역할을 한다. 영양이 건강과 밀접한 관계가 있음에도 영양대책이 구체적이지 못한 경우도 있다.

2012년 한국인의 1인당 연간 쌀 소비량은 69.8kg으로 1979년 135.6kg의 절반 수준이다. 이것은 가공식품과 인스턴트식품의 증가에 기인하며 식습관도 나빠지고 있다. 2011년 한국 국민의 10%는 영양섭취가 부족한 반면, 성인의 30%는 비만이다. 19세 이상 성인 비만율은 1998년 26%에서 2011년 31.9%로 증가했다. 나트륨 평균 섭취량은 충분섭취량의 3배('10년 341.9%) 초과 섭취, 칼슘 섭취 부족 인구는 65.7%를 초과한다. 이처럼 국민들의 영양 및 식생활 불균형의 문제가 심각하며, 건강한 식생활 실천율도 저조하다.

이른바 '포식의 시대'를 살고 있는 현대인들이 병 때문에 고생하고 있다. 우리의 전통적인 곡류, 채소류 위주의 식생활 패턴이 줄어들고 고지방, 고열량, 고염분의 서구식 식생활이 빠르게 증가하고 있다. 이로 인해 한국인의 건강 상태가 많이 나빠졌다. 매일 전국에서 발생하는 음식물 쓰레기양은 1만 5,100톤이다. 이 처리비용만 연간 7,000억 원이 소요되며, 이에 따른 경제적 손실은 20조원이다. 특정 영양소만 과잉 섭취하는 불균형적인 식생활은 우리 몸의 전체적인 균형을 무너지게 한다.

건강을 위한 영양은 인체에 필수적인 생화학적, 대사적 활동에 필요한 요소를 포함하며, 식사를 통해 섭취된다. 그러므로 식사는 유아, 소아, 청소년 성장에 필요한 특수한 영양소를 충분히 공급해야 한다. 임신과 수유에 따른 증가된 필요량을 충족시키며, 일반인은 활동 및 연령의 증가에 따른 에너지 요구량의 변화가 고려되어야 한다.

❀ 한국인의 식사지침 십계명 📖

❶ 다양한 음식을 골고루 먹으라.
❷ 정상 체중을 유지하라.
❸ 단백질을 충분히 섭취하라.
❹ 지방질은 총 열량의 20% 정도 섭취하라.
❺ 우유를 매일 마셔라.
❻ 짜게 먹지 말라.
❼ 치아건강을 유지하라.
❽ 술, 담배, 카페인, 음료들을 절제하라.
❾ 식생활 및 일상생활의 균형을 이루라.
❿ 식사는 즐겁게 하라.

• 다양한 음식을 골고루 먹으라

국민건강 차원에서 부족하면 문제가 되는 대표적인 영양소는 칼슘과 철분이다. 이들 영양소는 섭취량이 부족할 경우 골다공증 등의 건강을 악화시킨다. 지용성 비타민은 과량 섭취하면 문제가 된다. 반면에, 수용성 비타민은 체내에서 속히 제거되므로 문제가 되는 경우(예: 비타민 B6, 말초 신경염)가 드물다.

무기질은 급성 중독(소아의 철분 제제 섭취), 만성적인 과잉 섭취(해조류를 통한 요오드의 섭취), 식품 오염원으로 인하여 해가 되는 경우가 있다. 적절하게 균형이 잡힌 식사를 하는 경우, 비타민, 무기질이 포함된 보충제를 따로 복용할 필요는 없다.

• 정상 체중을 유지하라

심한 저체중이나 과체중의 경우 사망률과 유병률이 증가한다. 1

일 필요 에너지양의 60~70%는 안정시 소모되는 열량(기초 대사량)이며 신체 활동량의 차이에 따라 필요 에너지량이 달라진다. 예를 들면, 심한 활동은 남녀 모두 45kcal/kg, 가벼운 활동은 34kcal/kg으로 활동량에 따라 1일 에너지 권장량이 다르다. 한국에서 남자는 2,500kcal, 여자는 2,000kcal를 권한다. 50~64세에서는 성인 에너지 권장량의 90%, 65세 이상에서는 80%를 권장한다.

• 지방, 포화지방, 콜레스테롤 섭취를 줄여라

지나친 포화지방산 및 콜레스테롤 섭취는 고콜레스테롤 혈증을 가져오고 관상동맥심 질환의 발생과 관련된다. 또한 고지방 식이와 일부 암(대장암, 전립선암, 유방암, 폐암)의 발생 가능성과 연관되어 있다.

식품에 포함된 대부분의 지방은 중성 지방이다. 구성 성분인 지방산 종류에 따라 포화 지방산, 불포화지방산으로 분류한다. 총콜레스테롤 및 저밀도 콜레스테롤을 증가시키는 포화지방산은 육류와 열대지방 유지(코코넛유, 야자유 등)에 풍부하다. 포화지방산 대신 불포화지방산을 섭취하면 총콜레스테롤, 저밀도 콜레스테롤을 낮출 수 있다. 고용량을 섭취하면, 동물실험에서 종양 성장을 촉진시키는 것으로 나타났다. 이것은 고밀도 콜레스테롤을 낮추므로 섭취량을 총열량의 10% 이내로 제한하는 것이 좋다. 한국 성인의 지방 섭취량은 총열량의 20%정도 차지하며, 콜레스테롤 섭취는 300mg을 넘지 않도록 권장한다.

• 복합 당류와 섬유소를 많이 섭취하라

복합당류는 전분과 천연 당질이 풍부한 식물성 식품이다. 섬유소는 소화기관에서 소화가 안되는 식물 성분이다. 복합 당류와 섬유소를 많이 섭취할 경우 심장질환, 당뇨병, 일부 암, 게실증의 발생이 낮은 것으로 알려져 있다.

• 설탕이 많은 음식과 염분 섭취를 줄여라

설탕 섭취의 제한, 식수의 불소 처리, 규칙적인 경구 위생이 충치를 예방하는 가장 중요한 방법이다. 염분 섭취와 평균 수축기, 이완기 혈압의 증가는 관련이 있다. 한국인의 식단 가운데 국과 김치에 염분이 대부분 포함되어 있다. 국물에는 염분이 많아 국은 가급적 건더기 위주로 먹고 국물은 남기는 것이 좋다.

염분 섭취만 줄여도 5~10mmHg의 혈압 강하 효과가 있다. 야채와 과일을 많이 먹는 것도 혈압을 낮추는 데 도움이 된다. 한국 사람의 1일 평균 염분섭취량은 20gm 정도로 서구인 섭취량의 약 2배에 이른다. 서구에서는 혈압이 높은 사람에게 1일 염분섭취를 4~6gm으로 권하나, 한국의 경우 10gm으로 줄이는 것도 아주 어렵다.

• 알코올 섭취를 제한하라

알코올 섭취는 하루에 2잔 이하를 권하며, 이 정도 섭취해도 혈압이 높아진다. 적당한 알코올 섭취는 고밀도 콜레스테롤을 증가시켜 관상동맥질환의 위험을 낮춘다고 알려져 있다. 하지만, 이 정도의 양도 암과 간장 질환의 위험성을 증가시킨다.

• 적절한 양의 철분을 섭취하라

철분 결핍성 빈혈은 소아(1~2세), 청소년기 및 가임기 여성에 잘 오며, 빈곤층에서는 경쟁적으로 유병율이 높다. 영아에게 모유나 철분이 강화된 우유를 먹이는 것이 중요하며, 이것은 철결핍성 빈혈을 예방한다. 소아나 성인은 육류, 진한 녹색잎 채소, 철분이 강화된 시리알 등을 섭취하여 철결핍성 빈혈을 사전에 방지하는 것이 필요하다.

• 적당한 양의 칼슘을 섭취하라

성장기 여성(10~20대)의 부족한 칼슘 섭취는 최대 골량을 제한하고, 노후에 골다공증이 생길 가능성이 높다. 한국 성인은 700mg, 임신부에서는 1,000mg, 수유부에서는 1,100mg이 권장량이다.

• 적당한 양의 불소와 단백질을 섭취하라

불소가 필수 영양소는 아니지만, 충치예방에 필요하다. 동물성 단백질을 규칙적으로 과량 섭취할 경우 도움이 된다는 증거는 없다. 일부 연구에서 암과 관상동맥 질환의 발생 위험을 증가시킨다고 알려져 있다. 한국에서 권장량은 성인 남자는 64kg, 여자는 53kg을 기준으로 각각 70g, 60g이고, 임신부와 수유부는 30g을 추가한다.

금연, 절주와 스트레스 관리

* 금연 프로그램

2010년 한국의 흡연율은 평균 27.5%(남성 48.3% · 여성 6.3%)로, 미국 평균 흡연율 15.1%(남성 16.7% · 여성 13.6%)보다 약 2배 높은 것으로 나타났다. 국내 여성 흡연율은 정부 공식통계보다 2배 정도 높은 14.5%로 집계됐다. 특히 20대 여성의 흡연율은 23%로, 네 명 중한 명꼴로 담배를 피우는 것으로 조사됐다. 고등학교 고학년에서 남학생 흡연율은 45%, 여학생은 30%에 이르는 것으로 보였다.

흡연 위험도에 대한 인식이 증대되면서 흡연자의 60~70%가 금연을 원한다. 그러나 니코틴 중독증상으로 인하여 실제로 그 성공률이 매우 낮다. 흡연기간이 길고 흡연량이 많을수록 니코틴 중독증상은 더욱 심하다. 이로 인해 신체건강에도 매우 심각한 악영향을 미칠 수 있다. 흡연은 일반적으로 심혈관계 질환, 만성 폐쇄성 호흡기 질환, 폐암, 상부 호흡기 및 소화기 암, 췌장암, 간암, 자궁경부암, 비강암, 골수성 백혈병 등을 유발한다. 담배의 주요 성분은 니코틴, 타르, 일산화탄소 등이다. 특히 의존성 물질인 니코틴이 심혈관계를 손상시키고 타르는 암을 유발할 수 있다. 일산화탄소는 산소의 운반을 방해한다.

우리나라에서 2011년도 보건소 금연클리닉 금연실패율을 보면, 참여자의 45.4%가 금연에 실패한 것으로 나타났다. 여성의 금연 실패율이 51%로, 남성 실패율 44%보다 더 높은 것으로 조사됐다. 금연 방법으로는 니코틴 대체요법으로 금단증상을 없애주고 흡연욕구를 감소시킴으로써 금연을 성공적으로 도와준다. 이에는 니코틴 패치, 니코틴 껌, 니코틴 흡입제, 니코틴 분무제 등이 있다. 행동요법으로 혐오요법, 자기관리 및 조작 방법을 통하여 흡연행위를 변화시키는 것이다. 침 요법은 일반적으로 코, 귀 또는 손목에 침을 놓아 중독 자체를 치료하는 것보다는 금단증상을 감소시킨다. 무엇보다도 금연을 실천하는 것이 매우 중요하다.

❀ 구체적인 금연 실천방법 📖

❶ 금연 일을 결정하라.
❷ 금연을 홍보하라.
❸ 금연을 시작하라.
❹ 금단증상에 잘 대처하라.
❺ 금연을 잘 유지하라.

• 금연 일을 결정하라

금연 시기는 장차 약 2개월 동안 술자리, 스트레스 및 출장계획이 없는 시기를 선택하여 약 2주가량 준비기간을 잡는다. 그 후 금연일 까지 하루 7개비 정도 줄인다. 예비기간에 피우던 담배를 가능한 순한 담배로 바꾼다. 하루 중 첫 담배를 늦춰서 피우며 마지막 담배는 앞당겨 피우고 일찍 취침한다. 금연 일은 가장 담배 맛이 없는 날짜, 연휴, 휴무일, 생일, 혹은 결혼기념일 등으로 결정한다.

• 금연을 홍보하라

담배를 끊기로 했다는 것을 가족, 친구, 직장 동료 등 많은 사람들에게 알리고 도움을 요청한다.

• 금연을 시작하라

담배, 라이터, 재떨이를 치우고 금연에 돌입한다. 담배 냄새가 배어있지 않은 새로 세탁한 옷으로 갈아입는다. 과식을 피하고 식사 후에 약 20분간 산책하거나, 과로와 스트레스를 피하며 즐거운 일을 계획한다. 흡연자는 식사 후에 바로 양치질을 한다.

• 금단증상에 잘 대처하라

금연 시작 후 약 7~14일이 어려운 시기이다. 이틀에서 나흘이 고비이며, 저녁때에 더욱 심하다. 크게 신경 쓰지 말고 올 것이 왔다고 생각하고 금연의지를 다진다. 담배를 피우고 싶은 충동이 오면 숨을 깊이 들이 마신다. 숨을 천천히 내쉬는 운동을 반복하고 냉수를 마신다. "한 대는 괜찮겠지" 하는 유혹에 빠지지 않는다.

• 금연을 유지하라

흡연 갈증은 줄어들지만 동료의 유혹, 스트레스 및 음주 등으로 다시 피우기 쉽다. 가능한 흡연 가능상황을 피한다. 딱 한 대가 원래 흡연 상태로 돌아가게 하는 묘한 마력이 있으니 유혹에 넘어가지 않도록 주의한다. 만약 금단증상 시기에 실패했다면 허탈감과 자기 비하를 느낄 수 있다. 그러나 금연을 결단했다는 것만으로도 큰 의미가 있다. 금연이 혼자서 어려우면 주치의에게 도움을 요청한다.

* 절주 관리

한국인의 국민건강영양조사에 따르면 19세 이상 성인의 월간 음주율(최근 1년 동안 1회 이상 음주한 분율)은 2005년 54.6%에서 2009년 59.4%로 증가했다. 1회 평균 7잔 이상(여성 5잔) 주 2회 이상 음주하는 고위험 음주율도 2005년 14.9%에서 2009년 17.1%로 늘었다.

무분별한 음주습관으로 사회생활에 장애를 초래하는 알코올 사용 장애를 앓는 사람도 많아졌다. 알코올 사용 장애로 진료 받은 환자는 2003년 7만 2,938명에서 2010년 10만 8,340명으로 7년 동안 49% 증가했다. 2005년 기준 우리나라 알코올 사용장애 유병율은 6.62%로, 세계 평균 3.60%보다 두 배 가까이 높았다. 음주로 인해 알코올성 간질환 등을 앓는 사람도 늘었다. WHO에 음주와 관련 있다고 보고된 30개 질환을 치료하는 데 쓰인 건강보험 진료비는 2005년 3조 2,127억원에서 2009년 6조 1,226억원으로 1.9배 증가했다.

2010년 알코올 사용장애로 치료받은 환자 10만8,340명은 추정 환자 중 6.5%에 불과하다. 다른 정신질환(기분장애 37.7%, 불안장애 25.1%)에 비해 의료서비스를 이용한 비율도 8.6%로 낮다. 2002년부터 2009년까지 발생한 범죄 중 18.0%가 음주 상태에서 벌어진 일이었다. 음주운전사고는 해마다 증가해 1990년 7,303건에서 2009년 2만8,207건으로 4배 가까이 증가했다.

음주로 인한 신체적 문제로는 몸의 중추신경계 각 부분은 물론이고 위장, 간, 생식계, 심혈관계 등에 치명적인 발병을 유도한다. 알코올 중독 산모가 임신 중 계속 음주 시 신생아의 30~40%가 태아알코올증후군이 발생한다. 숙취로 인해서는 흥분상태, 만취상태, 우울상태를 야기 할 수 있다.

건강한 음주방법 십계명

❶ 첫잔은 천천히 마셔라.
❷ 안주를 잘 먹어라.
❸ 거절할 때는 거절하라.
❹ 다른 약과 함께 술을 마시지 말라.
❺ 적정 음주를 지켜라.
❻ 무리하게 술을 권하지 말라.
❼ 술이 세다고 자만하지 말라.
❽ 과음, 폭음을 삼가 하라.
❾ 체질을 알고 마셔라.
❿ 간을 적절히 쉬게 하라.

알코올 중독증의 대처방안으로, 경증도는 단기간의 상담, 성직자나 가족과의 대화 또는 자기 대책자료 등에 의해서 도움을 받을 수 있다. 중증도 이상의 알코올 의존성은 보다 전문적인 대처방안을 강구한다.

스트레스 관리

스트레스는 우리가 다양한 상황 변화의 삶의 요구에 대해서 신체적, 정신적, 감정적으로 반응하는 방식이다. 스트레스는 일상적인 삶의 일부이며 크거나 작다. 스트레스에 동반되는 긴장을 정기적으로 풀어주지 못하면 신체적, 정신적인 질환의 위험성이 높다. 사람들은 끊임없이 많은 자극을 주고받으며 살아간다. 특히 정보화 사회에서 스트레스는 직장이나 생활의 만족과는 상관없이 모든 현대인의 문제가 되고 있다.

한국인은 5명 중 4명 꼴로 81%가 스트레스를 겪고 있는 것으로 나타났다. 한국인의 스트레스 원인은 일 33%, 돈 28%, 가정 문제 17%, 건강 13% 순이었다. 스트레스가 누적되면 생리적으로 자율신경계와 내분비계에 영향을 미친다. 이것은 정신적, 신체적 균형을 파괴시켜 각종 질병을 유발한다. 즉, 두통이 일어나고 과민성 대장증후군이 발생한다. 이로 인해 복통과 설사, 변비 등이 생긴다. 그리고 신체조절 기능이 약화되어 위궤양, 당뇨, 고혈압, 심장질환 등 많은 질병을 일으킨다.

스트레스는 심혈관계 질환의 강력한 유발요인으로 제시되고 있다. 행동적인 측면에서도 소식, 불면, 음주, 흡연량의 증가, 약물남용 등의 결과가 나타난다. 조직의 능률과 인화를 저해하고 지각, 결근, 이직, 보상요구 등을 증가시킨다.

신체적인 긴장을 감소시키는 방법은 대상자를 스트레스관리 프로그램에 참여하게 한다. 긴장이완방법은 대상자에게 가장 빠른 효과를 가져다준다. 신체적 안정은 정서적 안정과 매우 밀접하게 관련되어 있다. 건강한 신체는 정서적으로 건강하게 만들고 보다 적극적으로 살아가도록 한다.

신체적 긴장의 감소방법으로는 적절한 음식 섭취, 신체 어네지와 건강 증진운동, 충분한 휴식과 이완 등이 포함된다. 모든 스트레스 감소 방법은 스트레스의 부작용을 역조건화 하여 이완반응을 유발한다. 즉, 스트레스에 의한 근 긴장과 높아진 자율신경계 활동을 근 이완과 부교감신경기능의 항진으로 대체하는 것이다. 여기에는 스트레스로 인한 신체적 긴장을 낮추어 주는 신체적 이완을 돕는 이완훈련, 바이오피드백, 심상요법 등이 있다.

❀ 스트레스 퇴치를 위한 10가지 수칙

❶ 부드러운 대화법을 사용하라.

❷ 우선순위를 정해서 일하라.

❸ 문제의 원인을 찾고, 해결을 위해 나서라.

❹ 규칙적으로 운동하라.

❺ 충분한 수면을 취하라.

❻ 규칙적이고 균형 있는 식사를 하라.

❼ 술과 담배를 피하라. 건강만 해칠 뿐이다.

❽ 심호흡, 묵상, 스트레칭 등 몸과 마음을 풀어주라.

❾ 스포츠, 취미활동 등 좋아하는 시간을 만들어라.

❿ 자신을 도와줄 수 있는 사람들과 만나라. 기도를 통해 주님을 만나고 대화한다.

다시 생각하기 !

질문 1 크리스천 청년들은 건강이 무엇이라고 여기며, 특히 건강이 사람에게 얼마나 소중하다고 생각하는가?

질문 2 예수님이 생활 및 사역현장에서 보여주신 건강법의 내용은 무엇이며, 하나님은 인간의 질병을 어떻게 치료하는가?

질문 3 크리스천 청년들은 건강을 증진하기 위해서 어떻게 운동하고, 건강에 필요한 영양과 음식을 잘 섭취하고 있는가?

질문 4 크리스천 청년들은 사회생활을 하면서 건강을 해치는 과도한 흡연과 음주를 어떻게 지혜롭게 피하며 생활하는가?

질문 5 크리스천 청년들이 일상생활에서 겪는 스트레스를 어떻게 완화하며 관리하고 있는가?

Part 4

행복한 인간관계와 만남

Chapter 8.

행복한 인간관계

- 인간관계의 현실
- 인간관계의 갈등 양상
- 인간관계의 유형
- 이상적인 행복한 인간관계

네 마음을 다하며 목숨을 다하며 힘을 다하며 뜻을 다하여 주 너의 하나님을 사랑하고 또한 네 이웃을 네 자신 같이 사랑하라 하였나이다. 예수께서 이르시되 네 대답이 옳도다 이를 행하라 그리하면 살리라.

- 누가복음 10:27-28

군자가 예절이 없으면 역적이 되고, 소인이 예절이 없으면 도적이 된다.

- 명심보감

Chapter 8

행복한 인간관계

인간관계의 현실

* 인간관계의 실상

사람은 세상에서 인간관계가 깨어지면 아주 슬퍼한다. 특히 부부, 부자 및 형제 관계 등 가족의 관계가 붕괴되면 제일 슬프다. 사람이 가장 많이 맺는 것은 사회생활에서 인간관계이다. 군대생활에서 힘든 것은 훈련보다 상·하 관계에서 일어나는 스트레스 때문이다. 힘든 직장생활은 업무보다 대개는 인간관계에 기인하며, 여기에는 크리스천도 예외가 아니다.

많은 크리스천들은 어떻게 인관 관계와 사회생활을 해야 하는지 잘 알지 못한다. 크리스천의 인간관계는 단지 술과 담배를 안하고 다른 것은 유사하다고 생각할 수 있다. 성경에서 크리스천의 인간관계를 직접 명시한 것은 아주 드물다. 그래서 주일의 교회생활과 주중 사회생활이 격리되어 마음의 갈등이 생긴다. 불신자들도 크리스천의 비윤리성을 지적하며 반감을 나타낸다.

* 크리스천 직장인의 인간관계

2011년 조사를 보면, 크리스천 직장인들이 가장 힘들어하는 것은 대인관계와 비리, 부정 등으로 인한 신앙양심인 것으로 조사되었다. '직장생활 중 겪는 고민이나 갈등'을 묻는 질문에 '대인관계'라는 응답이 20.1%로 가장 많았다. 업무 스트레스 혹은 접대문화(17.5%), 건강(16.2%), 고용 등 직장 불안정(14.7%)이 뒤를 이었다. 주일성수, 윤리적인 문제로 인한 고민이나 갈등은 각각 9.2%와 8.4%였다. 많은 크리스천 직장인들은 실제로 인간관계 때문에 직장생활을 힘들어한다.

크리스천 직장인들은 주로 설교와 기도 등 신앙활동을 통해 고민과 갈등을 해결하는 것으로 나타났다. '직장 내 고민과 갈등해소의 방법'을 묻는 질문에 '예배를 통해서'와 '기도를 통해서'라는 응답이 각각 31.6%와 31.4%를 차지했다. '별로 도움을 받지 못했다'는 것도 7.1%나 됐다. 직장신우회 참석여부에 대해서는 절대 다수인 80.2%가 "참석하지 않고 있다"고 반응했다.

하버드대학교의 위간(A. E. Wiggan) 박사는 직장, 가정, 사회생활 등 각 분야에서 실패한 사람들을 조사했다. 응답자의 실패요인을 보면, 교육과 전문지식의 부족이 응답자의 15%를 차지하였다. 나머지 85%는 잘 못된 인간관계로 인생에서 실패했다고 말했다. 미국의 카네기재단에서는 5년간 사회적으로 성공했던 사람 1만 명을 대상으로 '성공비결'에 대하여 질문하였다. 응답자의 85%가 인간관계를 잘했기 때문에 인생을 성공했다고 대답하였다. 그 만큼 인간관계는 성공적인 직장과 사회생활에서 가장 중요한 결정요소로 드러나 있다.

직장에서 겪는 갈등 · 고민은

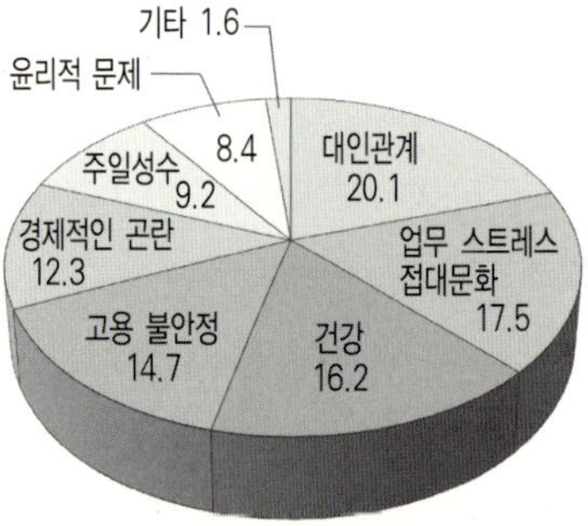

직장 내 갈등 · 고민의 신앙적 해결방법

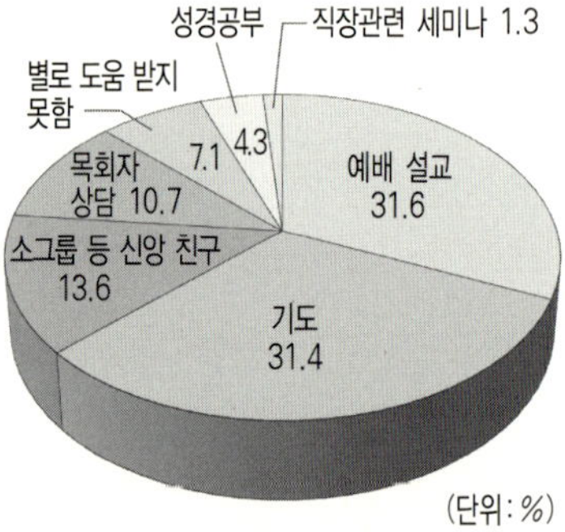

(단위 : %)

인간관계의 갈등 양상

개인적 이해문제

아브라함과 롯의 목자들의 싸움은 경제적인 이해의 차이로 빚어진 갈등의 대표적인 예가 된다(창 13:7). 오늘날 직장에서 노 · 사간 마찰은 주로 이해관계의 차이로 발생한다. 근무하면서 자기 일을 다른 사람에게 떠맡기거나 게으름을 피울 때 사람들은 갈등을 일으킨다.

내가 손해를 본다는 생각에 상대방이 무척 미워지며, 급기야 지속적인 갈등에 빠지게 된다. 이런 경우에 크리스천은 아브라함이 우물을 늑탈한 아비멜렉을 책망했듯이 할 수 있으나(창 21:25), 이삭처럼 계속 양보한다(창 26:12~22).

인정 여부

야곱의 아들들은 동생 요셉이 자기들보다 더 사랑을 받는 것이 질투 나서 미워했다. 결국 요셉을 외국 장사꾼들에게 팔아 버렸다.

그 후로 이들은 평생 이 일에 대한 죄책감 속에서 살았다. 사울은 다윗이 백성들에게 자기보다 더 인정을 받는 것이 질투가 나서 그를 죽이려 쫓아다니느라 평생을 보냈다. 이와 비슷한 갈등이 직장 안에서 일어나기 쉽다.

직장에서 상관에게 인정받지 못한 자는 인정받는 사람에 대한 질투심이 생겨서 사람 간에 갈등을 유발한다. 이것은 결국 마음의 갈등으로 변하여 심한 정신적인 스트레스를 가져온다.

상대방의 능력을 그대로 인정해 주면 그뿐이다. 그것을 제대로 못해서 일어나는 갈등에 대해 성경은 너무나도 간단히 대답한다. 어떤 일을 하든지, 다툼이나 허영으로 하지 말고, 겸손한 마음으로 하고 서로 자기보다 남을 낫게 여겨야 한다(빌 2:4).

* 승진인사

단순한 질투를 넘어서 승진의 문제가 있을 때 갈등의 골은 더 깊어간다. 이것은 인간적으로 서로 친한 사이에도 인간관계에 금이 간다. 예수님의 제자들이 보여준 미성숙한 모습이 좋은 예가 된다. 항상 서로 누가 더 큰가에 대해 토론했다는 복음서의 기록이 있다.

이 내용은 예수님의 제자들에 대해 한심하다는 생각과 함께 비슷한 모습을 보이는 우리에게 위로가 된다. 이들에 비해 요나단은 정말 멋진 모습을 보여 주었다. 왕자로서 왕위를 계승할 수 있는 특권을 친구 다윗에게 양도하였다. 이 모습은 크리스천 직장인에게 좋은 모델이 되나, 실제로 실천하기는 쉽지 않다.

* 성격의 차이

특별한 이해관계도 없으며 피차간 경쟁하는 상황도 아닌데 갈등이 일어나다. 이것은 주로 개인적인 성격의 차이로 발생하는 갈등이다. 첫째 선교여행에 동참했던 바울과 바나바가 둘째 여행을 떠날 때 요한과 마가를 대동하는 문제로 다투었다(행 15:36~39). 이런 갈등은 단순히 양보하는 것으로 해결되는 문제가 아니다.

이런 갈등은 극복하기는 매우 어렵다. 서로의 차이를 조정하는 것도 하나의 방법이다. 하지만, 그것보다는 서로의 차이를 인정하고 피차의 약점을 보완해서 협력을 이루어야 한다.

상·하계층 간 관점의 차이

조직 상·하간 계층의 차이로 생기는 관점이 달라서 갈등이 발생한다. 대부분 노·사 간 분쟁의 이유 중 하나가 바로 이것이다. 동일한 상황을 누구의 관점에서 보느냐에 따라 다르게 해석하여 생기는 갈등이다. 이것은 가정에서 부모와 자식 간에 있을 수 있는 갈등이다. 조금 더 넓게 보면, 창조주 하나님과 피조물인 인간 사이의 차이로 인한 갈등과도 어느 정도 통한다. 이런 갈등은 대화를 통해서만 극복할 수 있다. 대화를 통해 서로 상대방 입장을 이해하려는 노력 없이는 도저히 해결할 수 없다.

가치관의 차이

예수님이 바리새인들과, 바울이 유대주의자들과 겪었던 갈등은 신앙적인 이유 때문에 더욱 극복하기 힘들었다. 이런 갈등은 양보나 포기하여 해결하려는 것은 안된다. 직장에서 신앙의 차이로 갈등이 생기는 경우는 아주 다반사이다. 신앙을 가지고 있더라도 사물을 평가하는 기준이 다를 때 역시 갈등이 생긴다. 생활의 지혜가 서로 다른 사람에게 어떤 한 사람의 행동이 불의한 행위로 보여 질

때, 두 사람 사이에는 갈등이 생긴다.

인간관계의 유형

* 해바라기 형과 권위부정 형

해바라기 형은 힘과 권력이 있는 사람에게만 순종하는 형이다. 과거 군대의 인간관계처럼, 이 사람은 위만 바라보지 밑은 바라보지 않는다. 오늘날 군대에서 지휘관은 상・하 양측에서 평가한다. 상관에게만 아부하는 사람은 좋은 지휘관이 아니다. 예수님은 공평하고 의로우신 분이다. 만약 편애를 하셨다면 고아와 객과 과부와 세리와 어린 아이 등 약자에 대해서 하셨다. 크리스천은 약자를 배려하고 이해하는 태도가 무척 중요하다.

권위부정 형은 동료와 하급자에게는 잘 하지만 상관에게는 항상 불편하게 대하는 사람이다. 이런 사람은 대개 부모나 가까운 어른에게 상처가 있다. 크리스천은 권위부정 형의 마음을 가져서는 안 된다.

* 권위주의 형과 굴복 형

권위주의 형은 일반적인 사실이나 상대방 의견은 무시한 채 기존의 권위에 기대어 사람을 대한다. 이 사람은 자신이 모든 최종권위라고 생각하는 경향이다. 자신의 말을 듣지 않으면 극도로 화를 내며, 자기 말에 순종하는 사람만 사용한다. 성경을 보면, 상전들의 주인도 "우리의 주님"이라는 것을 잊어버린 사람이다. 예수님은 이방 사람과 달리 그의 제자는 절대로 다른 사람을 지배해서는 안된다고 말했다.

굴복 형은 힘이 모자라 주장이나 뜻을 굽히고 복종한다. 이 사람은 권위주의에 자신의 인격이 완전히 함몰되어 있다. 그래서 하나님이 주신 놀라운 자유를 누리지 못하며 한 인격의 노예가 되어 있다. 이것은 살아남기 위한 방편에서 생긴 것이다.

교만 형과 편견 형

교만 형은 잘난 체하고 자신의 능력을 과시하는 사람이다. 편견 형은 한쪽으로 치우쳐 공정하지 못한 생각을 가지고 있다. 이 사람은 하나님이 주신 자신의 인격에 손상을 입어서 타인의 눈치를 잘 살핀다. 다른 사람이 나를 무시하지 않나 항상 주의하여 자신과 타인도 피곤하게 만든다.

교만 형과 편견 형은 사실상 한 사람이 갖는 두 가지의 전략적인 얼굴이다. 때에 따라 교만하거나 편견에 빠진다. 진정으로 겸손한 사람은 하나님이 주신 인격의 존엄성을 유지하면서 타인을 존중하는 태도를 갖고 있다.

크리스천에게 중요한 것은 외양적인 성공보다 기독교인 방식으로 인간관계를 맺으면서 그 일을 이루는 것이다. 직장과 사회생활에서 상사 또는 동료와 의견충돌로 상심하거나 갈등을 겪는다. 특히 크리스천은 의사결정 과정에서 오는 충돌로 인해 겪는 갈등이 생각보다 깊다.

사람이 동물과 다른 점은 이성을 가져 의사소통을 통해 창의적으로 사고하며 기록할 수 있는 것이다. 이성은 양심, 도덕적 제어, 연구 능력 및 비판적 사고력 등을 포함한다. 인간이 고립된 채 교육이나 사회생활 등 교류의 기회를 갖지 못하면, 인간다운 행동을 하기가 힘들다. 인간은 사회성을 지닌 채 질서와 상호관계 속에서 살아가는 존재이다.

속담에 '열 길 물속은 알아도 한 길 사람 속은 모른다.'는 말이 있다. 곧 인간관계가 가장 중요한 사회적인 성공요인이다. 인간을 창조하신 예수님은 하나님과의 관계나 인간관계의 성공 요인을 단 한마디 사랑으로 표현한다. 인간관계의 핵심은 바로 사랑이다. 사랑은 타인의 가치관을 존중하고 배려하는 마음을 토대로 형성된 상호신뢰이다.

이상적인 행복한 인간관계

* 이상적인 인간상

• 예수님은 하나님을 위해 존재했다

신약 복음서에 나타난 예수님은 언제나 자신보다 하나님의 뜻과 거룩하심, 그의 나라를 먼저 생각했다. 따라서 모든 인간은 하나님과의 불가피한 관계 안에 있고 하나님이 없는 인간은 참 인간이 아니다.

일부 크리스천의 의식구조와 행동양태는 다분히 자기중심적이고 이기적인 경향이다. 이것은 크리스천이 주안에서 이타적인 섬김보다는 샤머니즘의 기복주의, 자본주의사회의 성공주의, 혹은 한국교회의 성장주의에 익숙했기 때문이다.

• 예수님은 이웃을 위한 존재였다

예수님 실존의 특이성은 단지 하나님만을 향한 그의 순종과 신앙만이 아닌, 이웃을 향한 그의 개방성과 헌신, 봉사에도 있다. 예수님은 가난하고 고통당하는 자들의 편에서 그들과 함께 고통당하며 자신을 주고 봉사했다. 예수님에게서 진정한 인간성의 본질은 인간이 다른 인간과 함께 있도록, 다른 사람을 위하도록 결정되었다는 사실에 근거한다.

그러나 한국 크리스천의 실상을 보면, 아직도 암담하다. 크리스천의 인간관계가 자본주의적 사고방식에 젖어 점점 더 계산적이고 삭막해지고 있다. 많은 교회가 복음, 성공과 축복의 이름으로 이런 실상을 교묘하게 조장하는 경향이다. 한국 교회들도 양적인 성장주의에 집중하면서 여전히 배타성 및 폐쇄성을 간직하고 있다. 그래서 교회가 사회와 정의를 위한 희생에는 소홀하고 어리석은 짓으로 치부된다. 기독교와 타종교간 대화는 쉽게 혼합주의와 이단으로 폄하되며, 통일과 나눔 운동은 '좌파'라는 누명을 받을 우려가 있다.

• 예수님은 만물을 위한 존재다

예수님은 인간 앞에서 하나님의 대리자, 하나님 앞에서 인간의 대리자이며 창조의 중보자이다. 만약 그리스도가 죽은 자들로부터 일어난 장자라면, 그는 새로운 인간성의 새 아담이며 모든 창조의 장자로 이해된다. 물론 예수님은 자연주의자가 되기를 주창하지 않았다. 하지만 하나님 나라에 관한 예수님의 비유는 그 당시 눈부셨던 로마와 헬라 문명보다 압도적으로 하나님의 창조 세계와 자연 생태적 환경을 배경으로 삼고 있다.

한국교회는 지금까지 민족과 민중의 위기와 고통에 민감하게 반응하였다. 그러나 한국교회가 자연훼손과 생태계의 파괴 등 환경문제에 대해서는 무관심하다. 이를 보면, 한

✽ 이상적인 예수님의 인간성

❶ 예수님은 하나님을 위하여 존재했다.
❷ 예수님은 이웃을 위한 존재였다.
❸ 예수님은 만물을 위한 존재다.

국 교회들은 자연의 탄식을 아직도 체감하지 못하고 있다. 만물의 화해 혹은 새 창조를 지향하는 기독교 복음의 우주적 차원을 확신하지 못하고 있다.

* 행복한 인간관계의 원리

• 하나님 경외의 원리

십계명의 제1계명은 "너희들은 내 앞에서 다른 신들을 섬기자 못한다는 내용이다"(출 20:3). 하나님을 경외하는 것이 지식의 근본이다(잠 1:7). 신약성서는 모든 것을 "주 안에서"하라고 말한다. 그리스도 안에서 하는 것이 인간관계의 원칙이다(엡 5:21~6:9). 즉 성서적인 인간관계의 근본원칙은 하나님이 세상과 인간의 창조자이시고, 사람의 주인이라는 것을 인정하는 것이다.

세상 사람은 이런 원칙이 없다. 동양에서는 경험적으로 가장 큰 은혜를 입은 사람에게서 인간관계의 원칙을 찾는다. 부모에 대한 공경이 모든 인간관계의 시작이며 근원이다. 서양에서는 제3자와의 객관적 인관관계를 중시한다. 이러므로 상대방과 약속을 잘 지키는 것이 인간관계의 근본이다.

한국에서 매우 나쁜 사람은 부모나 어른에게 대들거나 형제간에 우애가 없는 것이다. 서양에서 아주 나쁜 인간은 사회적, 개인적 약속을 안 지키고 부부 간 신뢰가 깨진 경우이다. 무엇보다도 크리스천 인간관계의 기본은 성경의 교훈대로 하나님을 경외하며 예수님께 순종하는 것이다.

• 상호존중의 원리

크리스천은 인간관계에서 서로 존중해야 한다. 이것은 한국 사람이 이해하기 어려운 원칙이다. 유교적 세계관에 익숙한 한국인은 상명하복의 원칙이 우리 생각에 뿌리박혀 있다.

신약에는 하나님 나라의 인간관계 원칙이 드러나 있다(마 23:8). 천국에서 하나님은 왕이시고 모든 사람은 그 백성으로서 형제 된 국가이다. 그 나라에서는 다른 사람보다 신분적으로 높은 사람이 아무도 없다. 예수님은 "너희는 [서로] 다 형제[지간]이니라."라고 선언했다. 바울도 노년에 편지를 쓰고 있지만 자신보다 어린 독자들에게 "형세들이여!"라는 호칭을 사용했다. 하나님 나라에는 근본적으로 어떤 종류의 상하관계도 없다.

구약에는 하나님이 일시적으로 신분을 만들었다. 족장들과 모세, 사사, 왕, 제사장 등은 특별한 사람들이었다. 특히 제사장들은 성별되고, 나머지 사람들과 다른 신분의 사람들이다. 하지만 신약에서는 이러한 구분이 완전히 없어졌다. 베드로는 모든 신자가 "왕 의 제사장들이요, 거룩한 국민이요, 하나님의 소유된 백성"이라고 말했다(벧전 2:9).

신약에서 목사가 제사장의 역할을 하지만 신분상 제사장은 아니다. 신약시대에는 모든 사람이 제사장이며, 아무도 특별한 신분을 갖지 않는다. 신약시대에 한국의 대다수 교회는 구약의 원칙을 교회에 적용하고 있다. 목사를 제사장, 교회를 제단, 집안의 아버지를 족장으로 생각한다. 하지만 이것은 하나님의 특별한 섭리 가운데 구약 시대에만 일시적으로 있었다.

• 약자 존중의 원리

성경적으로 인간관계 원칙의 하나가 약자에 대한 보살핌과 존중이다. 모든 사람이 상호관계에 있지만, 약자는 특히 보살핌을 받고 더 존중되어야 한다. 성서에 나타난 대표적 약자는 고아, 과부와 객이다. 우리는 과부나 고아를 괴롭히면 안된다. 우리가 그들을 괴롭혀서, 그들이 여호와께 부르짖으면 여호와는 반드시 그들의 부르짖음을 들어주신다(출 22:22~23). 어떤 과부에게 자녀나 손자손녀가 있으면, 그들로 하여금 먼저 자기네 가정에서 종교상의 의무를 행하는 것을 배우게 하고 어버이에게 보답하는 것을 배워야 한다(딤전 5:3~4).

예수님은 당시 약자인 아이와 여인에 대하여 특별한 관심을 보였다. 예수님은 "어린 아이가 자신에게 다가오는 것을 허용하라"고 언급했다. 하나님의 나라가 이런 자들의 것이라고 말했다. 나아가 "아이들과 같지 아니하면 하나님 나라에 들어갈 수 없다" 고까지 설명했다. 어린이의 마음을 하나님 나라의 모델로 삼는 것은 놀랍다. 당시에 백치와 귀머거리와 어린이는 동급으로 여기던 시대였다. 예수님의 여인관은 구약 또는 헬라 문화에서 전혀 찾아볼 수 없는 혁신적인 것이다. 예수님은 여인은 하나님 나라에서 제2급의 사람이라고 간주하지 않는다.

오늘날 주위에 있는 기본적인 약자는 노인과 어린자녀이다. 십계명에서 부모를 공경하라고 한 것은 사회적 약자인 부모를 의미한다. 왜냐하면 십계명이 주된 대상이 성인 남성으로서 그들의 부모는 이제 연로한 사회적 약자이다. 그 당시 사회보장제도가 전혀 없던 시절에 노인은 사회적 약자였다. 어린 자녀도 영원한 약자이다. 심리학자는 자녀가 악

> **✽ 행복한 인간관계의 원리 📖**
>
> ❶ 하나님을 우선 경외하고 예수님께 순종하라.
> ❷ 다른 사람과의 관계에서 서로 존중하고 이해하라.
> ❸ 주위에 있는 약자를 보살피고 더욱 존중하라.
> ❹ 인간관계에서 문화적 차이를 이해하고 고려하라.

한 부모의 최대 폭력 피해자라고 말한다. 바울은 “자녀를 노엽게 하지 말라”고 권고한다(엡 6:4). 자녀에 대한 인격적인 대우가 절실히 필요하다.

• 문화적 요소의 고려원리

인간관계에서 문화적인 요소를 고려하는 것이 중요하다. 이것은 신약성경의 바울 사상에서 발견된다. 바울은 유대인으로서 헬라문화권에서 생활했고, 예수님을 만나서 헬라세계에 복음을 전파했다. 바울은 복음을 전파하면서 사회변혁을 도모했지만, 당시에 어떤 사회제도는 그대로 인정했다.

이를 테면, 노예제도 같은 것이다. 바울도 여성에 대해서 당시 문화로 보면 혁신적으로 생각했지만, 문화적인 요소를 약간 고려했다. 바울의 가훈집(엡 5:21-6:9)을 보면, 아내는 남편에게 순종할 자라고 하여 문화적인 요소를 받아들였다. 하지만 문화를 그대로 받아들인 경우는 거의 없다. 바울은 그것이 복음의 요소를 깨뜨리지 않는 선에서 이것을 수용했다.

오늘날 한국교회는 아무 반성 없이 문화적으로 수용한 것이 많다. 우선 한국의 전통적인 인간관계의 가치관을 다시 검토할 필요가 있다. 한국 사회는 인간관계에서 의리와 정을 무척 중시한다. 의리는 정의의 통제가 요구된다. 아무리 사람 간 정리가 중요해도 객관적인 정의에 위배되는 행동은 삼가해야한다. 사랑에는 정이 있을 수 있지만, 정이 곧 사랑은 아니다. 하나님의 사랑은 공의로운 것인데, 이것이 배제된 정은 사랑이 아니다.

인간관계에 대한 성경적 원칙은 자신이 고수하는 것이다. 상대방에게 강요해서는 안된다. 오히려 크리스천 가치관으로 상대방을 감동시켜야 한다. 한국사회에서 어르신과 사회지도자에게는 공손한 태도가 무척 중요하다. 하지만 크리스천으로서 목사, 어르신, 지도자가 타인 및 자신에게 무조건 순종하라고 가르치는 것은 좋지 않다.

세대차를 극복하는 대신에 이해가 무척 중요하다. 세계적으로 한국은 세대 차가 아주 큰 국가이다. 기성세대는 가족중심의 집단적 자아관, 신세대는 개인주의적 자아관을 갖고 있다. 상대방에 대해서 먼저 변하라고 요구하면, 많은 갈등이 생긴다. 그냥 상대방을 인정하고 받아들이는 것이 좋다.

✻ 일반적 인간관계 십계명

❶ 성실함과 정직함을 보여서 신뢰감을 먼저 쌓아라.
❷ 자신과 주변에서 긍정적인 면을 찾아서 강조하라.
❸ 실수하면 자기 기준으로 비평하지 말고 전환할 시간을 주라.
❹ 인간관계의 최대의 적인 무관심을 탈피하라.
❺ 결과에 대한 평가보다 칭찬 목표인 과정을 칭찬하라.
❻ 잘한 일은 구체적으로 즉각 칭찬하라.
❼ 긍정적인 감정을 공유하고 꾸준히 격려하라.
❽ 잘되는 모든 일에 관심을 가지고 긍정적으로 말하라.
❾ 동기부여는 과정에서 스스로 얻도록 유도하라.
❿ 첫사랑을 진행하듯 흥미와 재미를 느끼게 하라.

* 전도를 위한 인간관계의 십계명

한국사회는 점차 서구화되며, 외국에서 유입되는 문화에 대한 충격도 적어지고 있다. 교회활동이 위축되고 기독교인도 감소하는 경향이다. 오늘날 사람들은 여가・레저 활동에 관심이 많아 종교에 대한 관심도 적다. 크리스천은 오직 마음에 그리스도를 주로 삼아 거룩하게 하고 우리가 가진 소망에 관한 이유를 묻는 모든 사람에게 항상 대답할 것을 준비해야 한다(벧전 3:15). 개인주의적 경향과 후기 산업사회의 모습이 더욱 강한 시대에 어떻게 비신자인 친구에게 접촉하여 복음을 전할 것인가?

• 수용적인 사람에게 먼저 접근하라

어느 사회나 집단이건 저항자와 수용자가 있다. 제한된 선교자원을 이용하여 효과적으로 전도하려면 우선 복음을 수용하는 사람에게 전도한다. 기도와 성령으로 복음에 개방적인 사람을 접촉하여 전도하고 친구로 삼는다.

• 사회적으로 아는 사람을 접촉하라

개인주의가 강한 시대에 모르는 사람을 설득하기는 힘들다. 오히려 무관심과 거부감을 조장하기 쉽다. 우선 친구, 친척 등 아는 사람에게 신뢰감을 주고, 크리스천으로서 그들을 잘 대우하며 주의 사랑을 전한다.

• 사람에게 의미를 찾도록 도와주어라

현대인은 현실세계에 더욱 많은 관심이 있다. 그들에게 현실세계에서 삶의 의미와 사후 세계에 대하여 말해준다. 인간에게 삶의 궁극적인 의미가 무엇인지 제시한다.

• 순수한 의심과 질문에 관심을 두어라

불신자는 보통 "신은 존재하는 가? 하나님은 어떤 존재인가?, 인간은 하나님을 아는가?, 하나님은 인간을 알고 오시는 가?, 천국과 지옥은 있는가?, 현대 과학시대에 기적을 믿는 가?" 등 여러 가지 궁금증이 있다. 이 질문에 대답을 주는 대화전략을 준비한다.

• 소외감을 극복하도록 도와줘라

소외감과 고독감은 현대인에게 가장 큰 문제이다. 교회에서도 진정한 교제가 없으면 사람들이 떠난다. 소외계층은 부자나 가난한 자에게도 있다. 좋은 교회와 전도는 하나님을 신뢰하고 인간을 사랑하는 관계를 만드는 것이다. 이것은 인간 소외감을 해결하는 근원적인 대책이다.

• 자긍심과 자신감을 갖게 하라

현대인은 정신적으로 자유롭고 물질이 많아도 자존감과 자신감이 결여되어 있다. 인간은 하나님의 형상으로 창조되었고 하나님은 죄인인 사람을 항상 사랑하신다. 복음은 사람에게 자긍심을 갖게 하고 자신감의 결핍을 해결하는 능력을 갖고 있다.

• 하나님 나라에 소망을 두게 하라

현대인의 고민은 보통 역사에 대한 불안과 두려움이다. 현대인은 미래의 불확실성에 가장 민감하여 보험가입에 관심이 많다. 이런 문제의 근원적인 해결책은 하나님 나라에 대한 확신이다. 인류 역사의 섭리자 및 통치자이신 하나님에 대한 믿음이 현대인의 불안감을 해소하는 근원적인 대책이다.

• 신실한 기독교인을 친구로 삼으라

현대인도 그리스도인을 신뢰할 수 없다고 한다. 그러나 믿을 만한 크리스천 친구를 만나 사귀면 불신자도 크리스천으로 변화된다.

불신자가 6명의 친구를 사귄다면 절대 교회를 떠나지 못한다는 조사도 있다. 기독교는 잡혀서 얻어지고 성장하는 특성이 강하다.

• 효과적인 교육으로 확신을 갖게 하라

불신자는 기독교의 기본교리에 대하여 잘 알지 못한다. 현대사회에서 명쾌하고 흥미와 재미있는 교육프로그램이 있다면 비신자에게 접촉하는 기회들이 많다.

• 토착화된 문화를 만들라

오늘날 대다수 교회의 장벽은 문화적인 것이다. 불신자에게 낯선 비개방적인 교회는 성장하지 못한다. 열린 교회는 비신자에게 편안함을 주는 언어, 음악 및 사랑이 많은 교회이다. 기독교는 다른 문화 안에 있는 같은 생명의 복음을 가지고 있다.

✻ 전도를 위한 인간관계 십계명

❶ 수용적인 사람에게 먼저 접근하라.
❷ 사회적으로 아는 사람을 접촉하라.
❸ 사람에게 의미를 찾도록 도와주어라.
❹ 순수한 의심과 질문에 관심을 두어라.
❺ 소외감을 극복하도록 도와주어라.
❻ 자긍심과 자신감을 갖게 하라.
❼ 하나님 나라에 소망을 두게 하라.
❽ 신실한 기독교인을 친구로 삼으라.
❾ 효과적인 교육으로 확신을 갖게 하라.
❿ 토착화된 문화를 만들어라.

다시 생각하기!

질문 1 대학생 청년들은 어떻게 현실적으로 인간관계를 맺으며, 크리스천 직장인이 직장에서 가지는 인간관계의 고민들은 무엇인가?

질문 1 대학생 청년들이 실제로 직면하는 불편한 인간관계는 왜 발생하며, 이러한 것들로 인간관계에 무슨 갈등이 나타나는가?

질문 2 크리스천 청년들이 사회의 일상생활에서 무슨 인간관계를 맺으며 슬기롭게 생활하고 있는가?

질문 3 하나님의 자녀로서 크리스천 청년들이 예수님에게서 배울 수 있는 바람직한 인간상은 무엇인가?

질문 4 크리스천 청년들이 사회현실에서 알아서 적용해야 할 성서적인 인간관계의 원리에는 무슨 내용이 있는가?

질문 5 크리스천 청년들이 주변에 있는 불신자들에게 어떻게 접촉하여 복음을 전달할 것인가?

Chapter 9.

좋은 배우자와 인생 만남

- 데이트의 개요
- 바람직한 배우자의 선택
- 행복한 결혼의 내용
- 이상적인 남편 및 아내상

사람이 부모를 떠나 그 아내와 합하여 그 둘이 한 육체가 될지니 이 비밀이 크도다. 내가 그리스도와 교회에 대하여 말하노라.

- 에베소서 5:31~32

결혼을 신성하게 하는 것은 사랑이며, 진정한 결혼은 사랑으로 신성해진 결혼뿐이다. - 톨스토이

Chapter 9

좋은 배우자와 인생 만남

데이트의 개요

데이트의 개념

'나는 어떤 사람을 만나, 어떻게 데이트를 하며, 어떠한 결혼 생활을 해야 할 것인가?' 이것은 결혼을 앞둔 청년들에게 계속적으로 제시되는 질문이다. 데이트(date)는 서로 관심을 보이는 이성과 시간을 정하여 지 · 정 · 의와 희로애락의 감정들을 사랑하면서 나누는 것이다. 마음의 이야기를 구체적으로 주고받고 시간을 즐겁게 보내며 데이트를 즐긴다. 데이트는 결혼 혹은 단순히 이성 간 우정 교환이 목표이냐에 따라, 그 반응과 결과는 많이 달라진다.

데이트의 목표

• 적합한 배우자인지 확인하는 기회이다

데이트 과정에 즐거움, 평안, 평온, 의미와 가치 및 공감대가 조금씩 느껴지고 형성되면 좋다. 이 경우에 배우자 선택의 멋진 기초를 마련하는 좋은 기회이며 징조이다.

• 이성의 존재를 알면서 다시 자기모습을 새롭게 한다

데이트는 단순한 즐거움의 차원이 아니다. 이기적이며 모난 자신의 인격을 성숙시키는 소중한 수양의 기회이다.

• 상호 간 섬김과 사랑의 삶을 터득한다

데이트를 통해서 섬김을 실천하며, 그 사랑을 배우고 느끼게 된다.

• 정신 및 영적 성장에 도움이 된다

정신적이며 영적 성숙을 위한 목표를 함께 공유한다. 그리고 상호 간 기도 안에서 갖는 교제가 진정으로 가치 있는 데이트이다.

• 서로에게 즐거움과 안위를 제공한다

웃음과 고마움, 격려, 따뜻한 정감, 삶의 진정한 의미, 내적 평화 등을 느껴야 한다.

• 이성 간 정감 있는 대화법을 배운다

일대일로 남녀가 만나 대화를 나눈다. 이때에 평소에 강한 이미지를 갖고 함부로 대화하던 사람도 공손하고 얌전한 모습으로 변모한다. 사람의 거친 모습도 오랜 시간 데이트를 하면, 어느 정도 대화법이 순화된다.

데이트 시 경계사항

• 데이트 대상을 건전하게 정하라

우선 사람이 지닌 종교와 성품을 정확하게 살펴본다. 부적절한 사람과 만나는 나쁜 상황이 생기지 않도록 사전에 주의한다.

• 하나님보다 데이트를 우선시 하지 말라

데이트 한다는 핑계로 하나님과의 기도시간 혹은 헌신을 경시할 수 있다. 이러한 불성실한 자세는 예수님 앞에서 부끄러운 태도이며 신앙심이 부족하다. 오히려 데이트 하면서 더욱 기도에 집중해야 한다. 이것은 하나님께 감사하고 영광을 돌릴 수 있는 모습이다.

• 기준들을 분명하게 설정하라

기준이 없을 때 자신의 마음과 행동이 흐트러지며 죄악에 노출되기 쉽다. 도덕적 · 윤리적으로 마음, 말과 행동에 대해서 분명하고 구체적인 기준을 마련한다. 이때 성경을 중요한 지침으로 삼아야 한다.

• 동의와 거절을 분명히 표현하라

상식적, 도덕적, 양심적 및 성경적으로 수용될 수 없는 부분이 있다. 이때에 조금도 망설이지 말고 분명하게 의사를 표시하여 중요하고 양식 있는 존재로 인식시킨다.

• 세속적인 교제와 유행을 거부하라

세속적인 교제 방법을 그대로 받아드리면, 사탄의 뜻과 죄를 수용하는 것이다. 크리스천답게 의를 위하여 고난을 감수하면서 꾸준히 외길을 간다. 그러면, 하나님은 거기에 상응하는 충분한 보상과 은혜를 주신다.

• 애무, 음담패설 등을 삼가 하라

서로의 사귐 속에 진실, 성결과 의를 추구한다. 이를 무시하고 성적인 욕구충동만 채우려고 하면 매우 위험하다. 크리스천은 매사에 무엇이 진정한 사랑인지 분별해야 한다. 진정 서로 아껴주고 사랑한다면, 혼전에는 순결을 지키고 상호 신뢰하는 아름다운 모습이 중요하다.

❀ 데이트 기간의 경계사항 📖

❶ 데이트 대상을 건전하게 정하라.
❷ 데이트를 하나님과의 관계보다 앞지르지 말라.
❸ 기준들을 분명하게 설정하라.
❹ 동의와 거절을 분명하게 표시하라.
❺ 세속적인 교제방법과 유행 풍조를 수용하지 말라.
❻ 애무, 음담패설 등을 삼가라.

바람직한 배우자의 선택

* 배우자 선택의 준비

• 원하는 배우자상을 상세히 기록한다

자신의 의지와 생각을 가지고 자신이 원하는 배우자를 종이에 적는다. 최소한 20가지 이상을 부문별로 구체적으로 기록하는 것이 중요하다.

• 성경을 읽으며 배우자상을 놓고 기도한다

참고할 성경은 창세기, 룻기, 고린도전후서, 베드로전후서 등이다. 말씀 묵상과 기도 가운데 자기 욕심으로 기록된 내용은 수정·삭제한다. 단지 나에게 적합한 사람을 달라고 기도한다.

• 부모, 친구에게 배우자의 필요성을 알린다

적극적으로 알리는 것과 전혀 알리지 않고 기도하는 것은 어느 정도 차이가 있다. 이를 통하여 수변사람으로부터 배우자에 대한 조언과 충고도 듣고, 분별력도 기른다.

• 본인도 찾도록 노력한다

먼저 가까운 주변의 교회, 직장 및 동아리에 적합한 인물이 있는지 살펴본다. 성경공부 모임 또는 결혼 및 가정 프로그램에 참여하는 것도 좋다. 교회에서 마련한 건전하고 신뢰성이 있는 결혼상담소를 이용할 수 있다. 이때에는 성급한 자세보다 여유 있는 태도를 취하고 긍정적인 생각을 갖는다.

• 자기와 비슷한 수준의 사람이 좋다

경제력, 학력, 혹은 성격 등이 자기와 너무 큰 차이가 있는 사람을 구하는 일에 신중해야 한다. 자기와 비슷한 환경, 성격이나 같은 신앙관을 소유한 사람이 바람직하다.

바람직한 배우자의 선택

• 하나님의 뜻을 직접 분별하라

하나님의 뜻은 기도, 성경 공부, 묵상을 통해서 분별하는 것이

가능하다.

• 부모, 가족, 친구로부터 지혜를 구하라

서로의 장점과 필요를 아는 믿을 만한 사람들은 큰 도움이 되는 조언을 제시한다. 한 쌍의 남녀가 그들의 인격을 점검하고 기대치들을 분명히 설정할 필요가 있다. 이를 위해 객관적인 전문가나 목사를 찾아가 결혼 전에 상담하는 것도 큰 도움이 된다.

• 친분 있는 기독인에게서 지혜를 구하라

그리스도의 지체는 공동의 문제를 받아들이고 여기에 대해 승인하거나 거절할 것이다. 배우자 선택에서 가능한 네 가지 접근법들이 있다.

① 하나님의 뜻을 성서적으로 균형적인 접근방법으로 잘 분별하는 것이다. 여기에서는 당사자들, 가족과 친구, 기독교 공동체로부터 주어진 정보를 기반으로 올바른 결정을 하도록 조심한다. 세 측면에서 모두 제공된 정보 없이 결정을 내리면, 잘못된 결정을 내릴 가능성이 더욱 커진다.

② 개인주의적 성향에 의한 결정은 매우 나쁜 결과를 가져올 가능성이 있다.

③ 가정적 성향에 의한 부모가 주도하는 결혼의 유형이다. 부모가 신앙이 성숙한 크리스천인 경우에 받아들일 만한 제도이다.

④ 기독교 공동체적 성향은 밝히고 다루기가 가장 어렵다. 왜냐하면 일반적으로 서로 협동하는 단체는 한 쪽으로 치우치는 경향이 다소 덜하다. 그러나 이 접근 방법에는 명백한 위험이 따른다. 그것은 특정 지도자가 지나치게 큰 영향력을 행사할 수 있기 때문이다.

⁂ 지혜로운 배우자 선택

• 자기의 깊은 판단보다 다른 사람들의 생각을 따르지 말라

결혼은 본인 스스로가 선택하며, 선택한 것에 대해 스스로 책임지는 것이 바람직하다. 배우자를 선택하는 일은 가족이나 타인 의견에 앞서 자신이 의지가 분명히 반영되어야 한다.

• 너무 외형적인 요소를 중시하지 말라

편안한 결혼생활을 위해서 재산, 학벌, 직위, 외모와 체격 등 외형적인 요소를 전혀 보지 않고 결혼하기는 실제로 어렵다. 배우자의 선택에서 인격, 됨됨이, 성품, 진실성, 믿음, 성실성, 온유함, 인내심 등은 아주 중요한 고려요소들이다. 재산, 학벌과 명예 따위는 후차적인 선택요소에 해당된다.

• 개인의 감정적 확신을 성령의 인도로 삼지 말라

자신의 감상적인 생각이나 확신을 성령의 인도로 간주해서는 안 된다. 그러한 확신은 자신이 단순히 이기적인 생각으로 만들어낸 일종의 다짐일 수 있다. 하나님의 인도와 도우심을 받는 진정한 확신인지 성령 안에서 분별하는 자세가 무척 중요하다.

• 건강문제를 정확하게 파악하라

결혼 후 서로의 행복을 위해 한 번쯤 건강문제를 놓고 진지하게 논의하는 것이 좋다. 충분한 대화나 의사의 검진을 통해 질병을 알고 결혼하느냐 그렇지 않느냐에 따라 결혼의 행복이 좌우된다.

• 동정심 때문에 결혼하지 말라

일생 동안 약한 자의 편에 서는 것은 그 자체가 아름다운 생활태

도이다. 그럼에도 불구하고 "결혼"이란 인생의 중대한 기로에서 동정심만 가지고 쉽게 결정하는 것은 무리가 있다. 결혼은 하나님의 사랑가운데 성령의 인도에 따라 결정하는 것이 중요하다. 그래서 배우자의 인품, 성격, 애정관, 가치관, 믿음, 가정환경, 은사·재능, 성 관념과 성경적인 사고 등을 파악할 필요가 있다. 배우자의 전체 모습을 보고 자기와 잘 어울리는 사람인지 진지하게 판단해서 결정해야 한다.

• 성적인 만족을 위해서 결혼하지 말라

성적 만족은 다양한 결혼의 목적 중에 단지 한 요소에 불과하다. 결혼을 성적 욕구를 충족하기 위한 도구로 생각하면, 결혼 후 심각한 문제가 발생한다.

• 책임과 의무를 충분히 인식하라

사람은 배우자를 선택하여 얻는 유익과 즐거움이 무엇인가 먼저 생각하는 경향이다. 먼저 행복한 결혼생활을 위해서는 자신의 책임과 의무를 충실히 이행하는 것이 요구된다. 이러한 사실을 충분히 인식하여 책임과 의무를 이행하는 성실한 생활자세가 더욱 중요하다.

❀ 지혜로운 배우자 선택원리 📖

❶ 자기의 깊은 생각과 판단보다 다른 사람의 생각을 따르지 말라.
❷ 너무 외형적인 요소를 중시하여 선택하지 말라.
❸ 자신의 감정적 확신을 성령의 인도로 간주하지 말라.
❹ 건강문제를 정확하게 파악하라.
❺ 동정심 때문에 결혼하지 말라.
❻ 성적인 만족을 위해서 결혼하지 말라.
❼ 책임과 의무를 충분히 인식하여 실천하라.

좋은 배우자의 발견

어떤 사람은 하나님이 자신을 위해 특별히 단 한 사람만 예비해 놓았다고 생각한다. 자신이 그 특별한 사람을 발견해서 결혼하지 못하면, 결코 행복한 결혼생활을 영위할 수 없다고 말한다. 그러나 이 견해에 한 가지 심각한 문제가 있다. 만일 두 사람 중에 하나가 잘못 선택하여 다른 사람과 결혼하면, 양쪽 편이 다 불행한 것이다. 즉 양쪽은 최선에 이르지 못하는 결혼 생활을 할 인생의 운명에 놓인다.

아마도 누구든지 자신과 결혼해서 행복하게 살 수 있는 가능한 대상자는 수천 명에 이른다. 그 중에서 자신과 결혼할 사람이 바로 자기를 위한 하나님의 뜻이 된다. 단지 성서적인 결혼관까지 위배하면서 불신자와 결혼하는 것은 바람직스럽지 못하다. 인생의 배우자를 선택하여 만나는 것은 일생에서 아주 크고 소중한 결정이다. 그것은 하나님 안에서 말씀묵상, 성령의 인도, 많은 기도와 깊은 생각을 통하여 내려지는 중대한 결단이다.

행복한 결혼의 내용

서약

서약은 서로 맹세하고 약속하는 것이다. 오늘날 많은 결혼식에서 서약들은 마치 아기의 목욕물처럼 함부로 버려지고 있다. 사람들은 단지 개인행복을 위해서 모든 서약의 개념을 무시하는 경향이다. 결혼은 제도 및 관계에 대한 서약이다. 관계는 그 자체로나 자연적으로 생명이 넘치는 것이다.

견고한 결혼생활은 양쪽 모두가 제도 및 관계와 서로에게 서약할 때 가능하다. 오직 제도에 대한 서약은 율법주의를 만든다. 단지 관계에 대한 서약은 이상주의를 추구한다. 오로지 상대방에 대한 서약은 인본주의를 낳게 된다. 사람, 제도, 관계 모두에 대한 서약은 균형적이고 행복한 결혼생활을 가져온다. 결혼에 대한 성서적인 개념은 하나님 앞에서 배우자에게 관계와 제도에 충실하겠다는 공동 서약을 수반하는 것이다.

역할분담(적응성)

역할분담은 자기가 마땅히 해야 할 임무를 나누어 맡는 것이다. 가정에서 역할분담은 남편과 아내가 행복한 가정을 유지하기 위해서 자기에게 할당된 일을 맡음으로써 서로를 섬기는 데 동의하는 것이다. 일은 적절한 때마다 다시 할당되고 상호간에 바꿀 수 있도록 때때로 부여된다.

성경에는 결혼 후 가사일의 분담에 대하여 구체적으로 명시되어 있지는 않다. 그렇지만 성경에서 모든 것은 질서와 조화, 숙고와 사랑이라는 의미에서 행해야 한다고 가르친다. 가정에서 개인의 관심사, 기술, 또는 능력에 맞게 일을 할당하는 것은 행복한 결혼생활을 유지하는 사랑스런 방법이다. 이것은 배우자가 각자의 방법으로 행복한 가정생활에 기여하도록 서로의 차이점을 존중하고 독특한 재능들을 인정하는 것이다.

많은 가사일 중에서 가장 중요한 과제는 자녀의 양육문제이다. 행복하고 균형적인 가정을 이루는 부부는 모두 자녀양육에 관심이 많고 적극적으로 참여한다. 성서적으로 자녀양육에서 어머니의 참여가 아버지의 참여보다 중요하다고 말하지 않는다. 오히려 성경은 부모 양쪽 모두의 책임을 강조하고 있다(엡 6:1~4).

권위

권위는 남을 지휘하거나 통솔하여 따르게 하는 힘이다. 아주 최근까지 결혼에서 권위는 절대적으로 남성의 지배권을 의미했다. 그러나 이제는 상호 존중과 복종이 강조되는 시대에 살고 있다. 현대에 종으로서 아내를 섬기는 남편의 역할에도 관심이 많다.

예수님께서 교회를 위하여 자신의 생명을 주신 것처럼, 이제 남편은 아내를 사랑하고 섬기며 아내에게 복종하라고 권면한다. 아내도 역시 스스로 헌신적이고 고난당하는 종의 역할을 하도록 부르심을 받았다(엡 5:21,25). 다른 시각에서 상호 복종을 보면, 가정에서 아내는 남편에게 복종해야 한다. 그 다음에 남편은 하나님께 복종해야 한다.

대화

가정에서 대화는 남편과 아내가 마주 대하여 이야기를 주고받는 것이다. 행복하고 균형적인 가정에서는 부부는 서로 조심스럽고 관심을 나타내면서 이야기 한다. 부부 중 한 사람이 이야기할 때 다른 사람은 경청한다. 부부 서로가 상대방에게 최선의 것을 주고 싶어 한다. 그들은 상대방의 시각을 이해하고 감정 이입을 통해 이에 반응하려고 노력한다. 두 배우자는 상호 용납, 서약, 용서, 그리고 종으로서의 섬김을 통하여 대화를 통해 문제를 해결하려고 노력한다.

가정에서 진정한 사랑은 배우자로 하여금 자기 정체성을 갖도록 이해하고 허락하는 것이다. 그 사랑은 배우자 스스로 의사결정을 하도록 도와주고 이에 집착하지 않는 것이다. 진정한 사랑은 배우자에 대한 통제와 배우자에 대한 자신의 욕구와 기대를 포기하는 것이다. 이것이 한 사람이 인간으로서 배우자에게 하는 사랑과 행복을 위한 서약이다.

이상적인 남편 및 아내상

* 성경적 남편상

• 아내의 머리가 되라

남편은 아내의 머리가 되어야 한다(엡 5:23). 머리는 '어떤 것의 중심', 혹은 '기원'을 뜻한다. 즉, 여자 존재의 기원이 남자에게서 비롯되었음을 의미한다. 따라서 남자는 여자에 대해 머리로서의 권위를 가지며, 가정의 대표자로 살아간다.

• 아내를 거룩하게 만들어라

남편은 아내를 거룩하고 영광스럽게 해야 한다(엡 5:26~27). 머리는 자기 몸의 허물과 흉을 감춘다. 추한 것은 감추어 버리고 좋은 것만 보이려고 하는 것이다. 그러므로 머리된 남편은 몸된 아내의 허물을 감추어야 한다. 영적, 육적, 정신적 허물을 다 덮어 버리고 좋은 것만 드러내야 한다. 다시 말해, 아내를 영광스럽게 만들어야 하는 것이다.

• 아내를 자기 몸처럼 사랑하라

머리된 남편은 아내를 위해 희생하고 무조건적으로 사랑해야 한다(엡 5:28). 만약 자기를 희생하고 사랑하는 마음이 없다면 이미 머리로서의 자격이 없다. 남편은 몸 된 아내의 사정을 잘 알아야 한다. 그래서 아내의 몸이 아프거나 슬프면, 같이 해야 한다. 남편은 아내가 기뻐하면 함께 기뻐한다. 아내 마음과 같지 아니하면 남편으로

서의 자격이 없다.

• 아내를 사랑하고 양육하라

남편은 자기의 몸, 생명과 같은 아내를 사랑하고 양육해야 한다(엡 5:29~30). 그리스도께서 우리의 약함을 아시고 걸음걸음 인도하시는 것처럼 남편도 아내를 도와야 한다. 아내 곁에서 격려해주고 아껴주는 마음을 가지는 것이 중요하다. 가장 중요한 것은 아내가 하나님 앞에서 성숙한 신앙생활을 하도록 바로 인도하는 일이나. 최고의 남편은 아내가 예수님 앞에서 성결한 신부로 살아가도록 세워준다.

성경적 아내상

• 남편에게 순종하라

아내는 예수님께 순종하는 것과 같이 남편에게 순종해야 한다(엡 5:22). 남편이 아무리 못나고 형편없어도 하나님의 뜻을 따라 주님 대하듯 해야 한다. 남편이 귀한 존재임을 알고 존경한다.

• 모든 일에 남편에게 복종하라

교회가 그리스도에게 순종하는 것 같이 아내도 모든 일에 남편에게 복종해야 한다(엡 5:24). 이 말씀은 신뢰와 존경을 바탕으로 이루어져야 한다는 뜻이다. 교회가 감사와 믿음 속에서 그리스도에게 복종하듯이, 아내도 그러한 차원에서 남편에게 복종하라는 의미이다.

• 남편을 존중하라

아내는 남편을 존중해야 한다(엡 5:33). 존중하라는 말에게 두 가지

의미가 있다. ① 아내는 남편을 존경해야 한다. 남편이 아무리 부족해도 하나님의 뜻을 따라 존경하는 아내가 되어야 한다. ② 명예롭게 하다. 이는 언제든지 남편의 얼굴이 빛나게 하라는 것이다. '남편은 곧 아내의 얼굴이다'라는 생각으로 남편을 명예롭게 하는 아내가 지혜로운 여인이다.

• 남편을 돕는 자가 되어라

여호와 하나님은 사람이 혼자 있는 것이 좋지 않아 그에게 알맞은 돕는 사람을 만들어주셨다(창 2:18). 하나님은 철저하게 남자의 부족함을 여자가 채우게 하시고, 여자의 부족함을 남자가 채우게 하셨다. 그러므로 남자는 여자를 위하여 존재하고, 여자는 남자를 위하여 존재한다. 이때에 하나님께서 기대하시는 부부의 자리에 있게 된다. 아내는 남편이 신령한 삶을 살도록 도와주고, 정신적으로 외롭지 않도록 돕는 배필이 되어야 한다.

결혼은 신비로운 하나님의 우주 계획과 창조섭리에 의한 것이다. 따라서 결혼은 아무렇게나 인위적으로 할 수 없으며, 이 일에 대한 하나님의 계획을 알아야 한다. 어떤 배우자를 만나 어떻게 교제하며, 어떤 결혼 생활을 해야 할지에 대한 하나님의 생각을 파악해야 한다. 이러한 질문에 대한 해답을 성경에서 분명히 확인할 수 있다. 특히 신약 에베소서, 고린도전・후서, 베드로전・후서에서 결혼에 관한 많은 하나님 말씀에서 대답을 찾을 수 있다. 구약시대 많은 믿음의 선배들의 삶 모습에서도 볼 수 있다. 예를 들어, 창세기 24장 이삭과 리브가의 만남은 우리가 어떻게 살아가야 할지에 대한 모범을 보여주고 있다.

성경은 크리스천에게 시대의 풍조를 본받지 말라고 권면한다(롬

12:2; 엡 5:22~24). 이 원리는 인간의 결혼문제에도 분명히 적용된다. 오늘날 사회를 보면, 성 개방 풍조와 함께 잘못되고 혼탁한 성문화와 성의식이 크게 확산되고 있다. 이러한 세대 속에서 크리스천은 자신의 정체성을 확립하고 거룩한 결혼 문화를 지켜가는 것이 매우 중요하다.

성경적인 남편상

❶ 남편은 아내의 머리가 되어라.
❷ 남편은 아내를 영광스런 존재로 만들어라.
❸ 남편은 아내를 자기 몸처럼 사랑하라.
❹ 남편은 아내를 양육하라.

성경적인 아내상

❶ 아내는 남편에게 순종하라.
❷ 아내는 모든 일에 남편에게 복종하라.
❸ 아내는 남편을 존중하라.
❹ 아내는 남편을 돕는 자가 되어라.

다시 생각하기!

질문 1 크리스천 청년들은 무슨 목적으로 데이트를 지속하고, 데이트 할 때 조심해야할 내용들은 무엇인가?

질문 2 크리스천 청년들은 배우자를 만나기 위해서 무슨 준비가 필요하며, 훌륭한 배우자를 선택하는 성서적 방법들은 무엇인가?

질문 3 크리스천 청년들은 지혜롭고 좋은 배우자를 만나기 위하여 무슨 사항들을 주의하여 살펴봐야 합니까?

질문 4 크리스천 청년들이 성서적인 관점에서 생각하는 중요한 결혼의 의미와 내용들은 무엇인가?

질문 5 크리스천 청년들이 원하는 성경적인 아내상과 남편상의 모습들은 무엇이라고 생각하는가?

질문 6 크리스천 청년들이 원하지 않는 남자 및 여자 배우자상의 실제 모습들은 무엇인가?

Part 5

힘찬 장래생활의 준비

Chapter 10.

올바른 직업과 인생 항해

- 일과 직업의 개요
- 직업의 소명과 성격
- 바람직한 직업관
- 올바른 인생관 및 인생목적

무슨 일을 하든지 마음을 다하여 주께 하듯 하고 사람에게 하듯 하지 말라. 이는 유업의 상을 주께 받을 줄 앎이니 너희는 주 그리스도를 섬기느니라. - 골로새서 3:23~24

인생은 한 권의 책과 같다. 어리석은 사람은 대충 책장을 넘기지만, 현명한 사람은 공들여서 읽는다. 그들은 단 한번 밖에 읽지 못하는 것을 알기 때문이다. - 장 파울

Chapter 10

올바른 직업과 인생 항해

일과 직업의 개요

일과 직업의 개념

일은 생산적인 목적을 위하여 몸이나 정신을 쓰는 모든 활동이다. 직업은 생계를 위하여 자신의 적성과 능력에 따라 일정기간 계속하여 종사하는 일이다. 사람은 보통 인생의 40%를 직장에서 보낸다. 이 때문에 어떤 직업관을 갖고 직장생활을 하느냐가 무척 중요하다. 대부분의 사람은 "직업은 생계수단이며, 이의 성공여부는 금전적 수입에 매달려 있다"고 생각한다.

사람은 직장과 사회생활에서 상사를 대한다. 상사로부터 부당한 대우나 차별을 받는 경우도 있다. 이때에 상사와 싸운다면 그런 사람과 똑같다. 단순히 직장을 생계수단으로 생각하면 부당한 대우를 참기 어렵다. 그러나 성서적으로 직장을 하나님의 뜻을 실현하는 장소로 여기면, 상사에 순종하면서 지혜롭게 처신할 수 있다.

* 크리스천의 직업

크리스천은 하나님의 은혜로 말미암아 구원 받고, 예수님 안에서 선한 일을 위하여 지음 받은 사람이다. 크리스천은 사실상 사업과 직장을 통해 하나님을 섬기는 것이다. 크리스천의 직업은 하나님으로부터 온 신성한 것이다. 성서적으로, 직업에는 귀천이 없으며, 어떠한 태도로 일하느냐가 무척 중요하다. 크리스천의 직업은 하나님의 뜻을 실현하는 나눔과 섬김의 구체적인 현장이다.

크리스천에게 직업은 천직이며 하나님의 소명이다. 하나님이 나를 불러서 나에게 맡긴 일이다. 크리스천의 일과 직업은 하나님께서 우리를 구원으로 인도하신 그 부르심에 응답하는 중요한 한 형태이다(엡 2:10). 크리스천은 제사장으로서 하나님의 영광을 위하여 선한 일을 하면서 살아야 한다.

직업의 소명과 성격

* 크리스천 직업의 소명

종교개혁의 창시자 마틴 루터는 세속생활을 경시하는 중세사상의 편견을 깨뜨렸다. 그는 "크리스천의 직업은 하나님의 부르심"이라고 보고 직업의 소명사상을 강조했다. 크리스천은 직업을 하나님의 부르심으로 믿고 최선을 다해 일하는 것이 중요하다. 발명왕 에디슨은 "일하는 것이 나의 인생철학의 근본이다"고 말했다. 예수님도 "내 아버지께서 지금까지 일하고 계시니 나도 일 한다"고 언급했다(요 5:17).

그러므로 인간은 일을 해야 건강하고 기쁨을 느낀다. 무위도식하며 허송세월을 보내는 것은 정신을 병들게 하고 영혼을 타락시킨다. 하나님은 크리스천을 일하기 적합한 영역으로 부르다. 예를 들면, 기계의 운영기술은 탁월하지만 추상력이 약한 사람을 철학자로 부르지 않는다. 하나님은 크리스천의 환경을 일할 수 있는 매력적인 기회로 만들며 다스린다.

하나님은 크리스천에게 자기의 중요한 부르심을 준비시키기 위하여 일시적으로 부르신다. 모세는 애굽에서 화려하게 준비했다. 그의 나이 80세에 하나님의 종으로 인도될 만큼, 균형적인 신앙을 갖기 위해서 40년간 광야에서 살면서 충동적인 성질을 죽였다. 요셉은 노예, 죄수로서 수련을 쌓은 후에, 애굽 조정에서 바로를 도우라는 부르심을 받았다. 하나님은 크리스천을 부르며, 우리의 부름과 그 능력이 일치할 때까지 어려운 환경을 통해 준비시킨다.

직업의 성격과 자세

직장은 사람이 일정한 직업을 가지고 일하는 장소이다. 크리스천은 예수님의 빛을 담고 있는 그릇이다. 크리스천은 예수님의 자녀로서 세상에서 빛과 소금의 역할을 감당해야 한다. 기드온의 삼백 용사는 모두 빈 항아리 안에 횃불을 가지고 전쟁터로 갔다. 항아리가 깨어질 때 빛을 발하게 된다. 내부의 빛이 비춰 나오려면 외적 존재인 크리스천의 그릇은 깨져야 한다. 크리스천 직업은 깨뜨림의 과정을 통해서 하나님께서 사용하는 이상적인 도구이다. 크리스천의 직업에는 하나님의 빛의 통로로 사용하기 위한 하나님의 의도가 숨겨져 있다(욥 23:10).

크리스천은 직장에서 자기 직업을 통해 날마다 그리스도의 형상을 본받고 복음전파를 위하여 일한다. 크리스천은 자기의 인격, 행동과 말 등 삶 전체를 통해서 예수님을 증거 할 필요가 있다. 따라서 크리스천의 직업과 직장은 단순히 생활수단이나 자아실현의 도구가 아니다. 크리스천의 직업은 하나님과의 대화, 동료와의 교제, 복음전파의 기회 및 이웃에 대한 섬김 등에 초점을 두는 중요한 통로이다. 다시 말해, 크리스천의 직업이 하나님께 헌신된 삶의 결과일 때, 비로소 참다운 가치가 존재한다. 작은 일도 제대로 하는 것은 직장 또는 하나님 나라에서 보다 큰 책임을 감당하기 위한 좋은 훈련이 된다(눅 12:26). 직장에서 근무하는 동안 크리스천을 위한 하나님의 집무실은 여전히 개방되어 있다. 크리스천이 하나님을 향해 열린 마음과 생각을 갖는 다면, 일상생활에서 예수님이 공급하는 새로운 영적 풍성함을 날마다 경험하게 된다(요 10:10).

그러나 인간이 직업을 통하여 자신의 욕구만 추구하면, 결국 일이 우상이 된다. 베르나르 루아조(52)는 프랑스 최고의 훈장인 레지옹 도뇌를 받았다. 그는 미국 뉴욕 타임지 1면에 소개된 프랑스 최고의 요리사였다. 루아조는 기업가로서 식당과 호텔그룹으로는 유일하게 주식시장에 상장된 베르나르 루아조사를 경영했다. 루아조는 기업에 성공하여 식품판매업과 주방기구 및 요리서적 판매업에도 진출하였다. 그 회사는 2001년 이후 어려운 경영사정을 겪었다. 결국 루아조는 그의 식당등급에 대한 공식평가가 떨어지자 2003년 2월 자택에서 자살하여 프랑스를 충격 속으로 몰아넣었다.

반면에 성경은 일을 하지 않고 오락을 즐기는 사람에 대하여 경고하며(잠 21:17), 쾌락에 대하여 경계할 것을 권면한다(눅 8:14). 이를테면, 기업인들은 골프와 여가활동으로 갈등하고 있다. 그들은 주말에 건강증진, 스트레스 해소, 접대 및 취미활동 등으로 골프를 즐긴다. 기독 실업인은 한국사회에서 골프 운동을 하는 것이 하나님 보시기에 합당한 것인가? 라고 고민한다. 결국, 어떠한 여가나 취미활동도 하나님보다 우선하여 중독과 우상이 될 때에 신앙적인 문제가 생긴다. 성서적인 영적자세가 바로 정립되면, 크리스천으로서 마땅한 장소에서 올바른 일을 한다는 믿음과 확신을 갖게 된다. 믿음이 성숙되면, 사랑의 수고와 봉사를 통해서 여가 및 취미생활에서 얻는 것보다 더 큰 보람과 기쁨을 얻는다.

성경적 직업관의 십계명

❶ 직업은 생계수단이 아니고, 성직이라고 생각하라.
❷ 직장에서 돈을 벌어 선교한다고 생각하지 말라.
❸ 직업의 본질은 사명이기에 평생 직업이 아닌 평생 비전으로 살아가라.
❹ 식업은 자녀를 자녀답게, 제자를 제자답게 만드시는 연단과정임을 명심하라.
❺ 하나님은 직장에서 자녀들을 부르시고 동역자들과 함께 일하심을 명심하라.
❻ 하나님은 무슨 일보다 어떤 영성으로 일하는가에 관심을 갖고 있음을 명심하라.
❼ 직장은 영적인 전투장이므로 직장을 정복해야함을 기억하라.
❽ 직장은 이웃 사랑과 공의를 실천하는 장소이며 복음 전파의 현장임을 기억하라.
❾ 직장은 하나님의 사람들이 훈련받으며 삶이 성숙해 가는 장소임을 기억하라.
❿ 직장은 그리스도의 주권을 선포하고 예수님과 친밀해 가는 장소임을 기억하라.

바람직한 직업관

이상적인 직업관

• 이상적인 직업과 현실

세상에는 수없이 많은 직업이 있으며, 다양한 직업들이 사라지고 생겨난다. 사람들은 자신에게 이상적인 직업이 무엇인지 알기 원한다. 학교에서는 적합한 직업을 학생에게 추천하기 위해서 적성검사를 실시한다. 크리스천은 자기의 천직이 무엇인가 알기 위해서 타인에게 조언을 구하거나, 하나님께 기도한다.

크리스천에게는 현재의 자기 일과 직업도 필요하다. 성경적으로 더욱 중요한 것은 현재 자기 일에 대한 하나님의 소명의식 및 청지기 사명을 갖고, 일을 수행하는 능력과 태도이다. 회사원, 회계사, 의사, 교수, 운동선수, 군인, 공무원 등 일의 내용이 중요한 것이 아니다. 오히려 그 직종에서 일하는 크리스천의 영성이 보다 더 중요하다. 이를 테면, 축구선수, 교수 또는 의사들은 인기, 명예, 업적이나 재산축적 등 세상적인 개인목적을 위하여 일한다. 크리스천은 십일조 외에도 자기수입의 일정 부분을 구제 사업에 쓰는 경우도 많다. 사람에게는 어느 일이 가장 적합하다고 꼭 하나로 결정되지는 않는다.

크리스천에게 근본적이며 중요한 질문은 하나님이 개인에게 주신 일을 어떻게 수행하고 있는가? 이다. 하나님께서는 선한 것이 무엇인지 인간에게 보이셨다. 하나님이 원하시는 것은 크리스천이 공의에 맞게 행동하고 긍휼을 사랑하며 겸손히 하나님과 함께 행하는 삶이다(미 6:8). 현대사회에는 수없이 많은 직업들이 놓여 있고 생겨난다. 크리스천들이 어떠한 직업태도를 취하는가에 따라 하나님께 영광을 돌리거나 그를 대적한다. 윤리 또는 사회책임 경영이 크리스천에게 더 이상 새로운 것이 아니다. 이미 크리스천으로서 이것을 초월한 생활을 자기직업을 통해서 보여주고 있기 때문이다.

여성기업인 성주인터내셔널의 김성주 사장은 IMF 직후에 막스앤 스펜스에 투자한 300억 원이 완전히 물거품이 되는 위기에 놓였다. 그러나 구찌와 265억의 합작사업이 성사되는 기회를 가졌다. 그것은 김성주 사장이 10년 동안 구찌와의 거래관계에서 회사를 투명하고 정직하게 운영한 결과로 가능했다. 결국 회사는 자금유입을 통해 위험한 IMF 상황에서 부도 위기를 극복했다.

양영자는 올림픽대회 금메달 2관왕으로서 유명한 탁구선수이며 지도자였다. 그녀는 지도자 또는 탁구 사업을 통하여 부자가 되고 화려한 삶을 영위할 수 있었다. 그러나 양영자 선수는 1년 반 동안 척박한 몽골나라에서 탁구기술을 어려운 몽골 청소년들에게 전수했다. 이를 통하여 선교사인 남편과 더불어 몽골 땅의 기독교 선교 사역에 헌신했다. 더욱이 양영자 선수는 올림픽 금메달 수여자에 주는 매달 백만원의 체육연금도 은퇴한 목회자에게 기부했다. 그녀는 연금에 너무 의존하면, 기도가 약해지고 봉사활동에 장애가 된다고 생각했다. 그래서 양영자 선수는 온전히 하나님만 의지하는 신앙생활을 원했다.

크리스천이 일생동안 어떤 직장에서 무슨 일을 하게 될지는 하나님의 소관이다. 보다 중요한 것은 무슨 직업에 종사하더라도 크리스천은 직장에서 하나님의 의를 추구하고, 선한 사회적 영향력을 발휘해야 한다. 이것은 크리스천의 직업관이 하나님 안에서 바로 정립되었을 때 가능하다. 하나님이 직장의 주인이시며, 자신의 직업은 개인, 가족과 이웃의 필요를 채우는 것이라는 사실을 인식해야 한다. 현재 자신에게 부여된 일을 통하여 예수님이 기뻐하는 청지기 역할을 수행할 것을 믿음으로 다짐해야 한다.

• 이상적인 직업관

하나님은 아담과 하와를 창조의 동역자로 부르고 "땅에 가득하고 땅을 정복하라"(창 1:28)는 최초의 노동명령을 선포했다. 그러나 인간의 타락으로 여자는 산고의 고통을, 남자는 일하며 땀을 흘리게 되었다. 그 이후, 인간은 일하는 고통을 죄의 대가로 생각했다. 그러나 일은 오히려 죄로 말미암아 죽을 수밖에 없었던 인간에 대한 구원의 축복이다. 여기에서 일은 인간의 삶 자체를 뜻하며, 인간 활동의 포괄적인 직업관을 의미한다.

크리스천의 직업은 단순 혹은 전문 직업과는 다른 하나님의 소명이다. 하나님은 날마다 직업을 통해 크리스천을 만난다. 루터는 소명을 직업에 연결시키고 바울은 크리스천의 일상사로, 칼빈은 칭의보다 성화에 초점을 두는 적극적인 태도를 보였다. 하나님은 인간을 창조의 동역자로 세우고 누구나 일하라고 명령했다(출 34:21). 직업은 하나님을 영화롭게 하는 하나님이 주신 신성한 사명이다. 사람은 생활에서 필수적인 직업을 통해 품위를 유지하고 만족을 얻는다. 그러나 인간이 하는 환경오염, 질서파괴, 고리대금, 불법사업 등은 고귀하지 못하다.

유대인들이 예수님 사역에 대한 안식일 문제와 그의 정체성 시비로 예수님을 죽일 명분을 찾았다(요 5:14~17). 그 당시 예수님은 "내 아버지께서 이제까지 일하시니 나도 일 한다"(요 5:17)고 말했다. 하나님은 창조사역 이후 지금까지 일하시고 우리들도 같이 일한다. 하나님을 떠나서 인간은 아무것도 할 수 없다. 사람들은 가끔 직업을 세속적 혹은 영적인 것으로 구분하는 오류를 범한다. 하나님의 일과 크리스천의 모든 일은 예수님 안에서 하나님 나라에 필요한 일로 포함하는 것이 중요하다. 크리스천의 일상적인 삶도 하나님에게 속해 있다. 이 때문에 크리스천은 단지 일을 통해서 하나님께 헌신하는 기쁨을 발견하게 된다. 크리스천들이 일상적인 일을 복음사역보다 덜 중요하게 여기는 것은 바람직스럽지 않다.

인간적 성공관

크리스천도 세상 직업에서 성공하는 것이 좋다. 다니엘이 바벨론에서 비실비실하였다면 신세가 초라했을 것이다. 요셉도 애굽에서 총리가 되었기에 하나님의 영광을 드러냈다. 크리스천들은 세상의 직업에서 출세할 필요가 있다. 이를 위해서 열심히 기도하고 공부하는 것이 중요하다. 대학생은 예수님 사역에 충실하기 위해서 학업생활에 성실해야 한다.

세상 직업에서 성공하려면 부지런하고 열심히 노력해야 한다. 성적이 좋고 두뇌가 좋은 사람은 열심히 공부한다. 삶의 궁극적인 목적이 인간적인 성공만을 위해서 공부에 매진하는 것은 우상이다. 크리스천은 인간적인 성공이 하나님 영광과 상치될 때 포기할 필요가 있다. 크리스천은 하나님의 길과 세상의 길을 동시에 추구할 수 없다. 세상에서 성공하는 것도 단지 하나님께 영광을 돌리는 도구가 되는 것이 당연하다.

문화관

크리스천은 직장과 신앙문화를 구별하기 때문에 심각한 문제를 갖고 있다. 직장에서 하는 일은 괜찮다고 생각하나 실제로 회사에서 다소 갈등을 겪는다. 크리스천 청년에게 주된 갈등의 대상은 음주 혹은 주일성수의 문제 등이다. 일부 크리스천 청년은 술을 마시거나 담배를 피운다. 특히 한국의 직장문화에서 술과 직장은 불가분의 관계에 놓여 있다. 모든 업무나 거래에서 직장의 술자리는 즐비하다. 크리스천 청년에게 분명한 원칙은 술 문화에 빠져서 신앙을 그릇치고 하나님의 영광을 가리는 일이 없도록 기도해야 한다(요 15:7).

사회생활에서 세상문화에 잘 적응할 수 있으나, 거기에 동화되거나 빠져서는 안된다. 신앙생활과 사회생활을 구분하여 이분법적으로 생각하는 것은 좋지 않다. 크리스천 청년은 신앙생활과 사회생활을 구별해야 한다. 사회생활에는 지혜롭게 적응하면서 예수님의 복음을 전파해야 한다. 이것은 말로는 쉽지만 행함과 진실함으로 실천하기는 사실상 어렵다.

실제로 크리스천 청년들은 2 부류가 있다. 하나는 신앙적 경건성은 있지만 격리되어 있고, 유능하지만 사회 및 신앙생활이 구별되지 않는 사람들이다. 다른 하나는 실제로 신앙 및 사회생활에 잘 적응하면서 구별된 생활을 하는 사람들로 직장에서 빛과 소금의 역할을 잘 감당한다. 이것을 잘 감당하여 실천한 신앙선배가 다니엘이다(단 1장). 그는 바벨론에 포로로 잡혀갔고, 그때 요구한 것은 바벨론의 학문과 언어를 배우는 것이었다. 다니엘은 하나님의 백성으로서 이방나라의 학문과 언어를 배울 것인가 고민했다. 그는 바벨론에서 성공하기 위해서 이를 받아들여 잘 적응했다. 다니엘은 이름도 벨드사살로 고치어 바벨론식으로 개명하였다. 그는 잘 적응하여 실제로 받아드렸다. 그러나 다니엘은 이러다가 하나님의 사람으로서 그의 정체성이 사라지겠다는 위기가 닥쳤다. 다니엘은 왕의 음식과 포도주로 자신을 더럽히지 않겠다고 결심하고 궁중대신에게 자기를 도와달라고 간청했다(단 1:8). 우상에게 바쳐진 음식도 간절히 감사기도 하면서 먹으면 된다. 실제로 크리스천은 구별되게 행동하고 다른 모습을 보여주는 것이 중요하다.

사회생활에서 음주문제도 마찬가지다. 성경은 술에 대하여 긍정적, 부정적인 내용을 다룬다. 포도주는 사람의 마음을 기쁘게 하기 위해 주었다(시 104:15). 예수님은 가나의 결혼식에서 물로 포도주를 만들었고(요 2:10~11), 마지막으로 제자들에게 포도주를 주었다(요 19:30). 성경은 술에 취하게 되면 방탕해지고(엡 5:18), 술을 많이 마시는 사람과 어울리지 말라고 권한다(잠 23:20).

술에 있는 화학적 성분보다 문화적 요소가 더욱 죄악적이다. 무절제한 음주로 생기는 범죄들이 증가하며, 그 피해정도가 매우 크다. 크리스천 청년은 음주자리에 참여할 필요가 있다. 그러나 직장 술자리에서 크리스천의 정체성을 보여주면서 술을 자제해야 한다. 긍정적인 입장에서 포도주를 조용히 마실 수 있다. 따라서 한국에서 술을 죄악시 할 필요가 없지만, 나쁜 음주문화는 분명히 죄악시하고 개선해야 한다. 사람들은 대인관계 때문에 음주한다고 말한다. 평소에 잘하는 대인관계가 더욱 소중하다. 술로 맺어지는 대인관계는 단순히 순간적인 면이 있다.

직장의 회식과 술자리에서 무조건 교회를 핑계로 불참하는 것은 좋지 않다. 크리스천 청년은 조금은 이해 및 희생하는 자세와 심사숙고하는 태도가 요구된다. 우선 무슨 일이 생기면 교회에 가야 한다고 먼저 빠지지 말고, 주변을 잘 생각하면서 행동한다. 크리스천 청년은 직장회식에서 양보하는 자세로 임하고, 지혜롭게 행동하는 현명한 처신이 필요하다.

* 윤리관

직업에 귀천은 없지만 선과 악은 존재한다. 크리스천 청년은 사회생활에서 뱀같이 지혜롭고 비둘기 같이 순결하게 처신해야 한다(마 10:16). 윤리적인 직업을 선택하고, 일을 행하는 과정에서 비윤리적인 사항은 피하는 것이 좋다. 대통령이나 목사도 윤리적인 직업이지만 비윤리적으로 일할 수 있다. 크리스천 청년은 윤리적으로 일하는 것이 당연하다.

직장생활에서 절대적인 금기사항을 이행해서는 안된다. 이것 때문에 한국 교회들이 빛과 소금의 역할을 감당하지 못하고 있다. 세상 사람들은 다들 그렇지라도 많은 크리스천들은 무엇인가 달라야 한다. 이를 테면, 회사에서 경리과 직원에게 비자금 조성을 요구할 수 있다. 크리스천 직원은 이러한 경우에 어떻게 처신해야 하는가? 그들은 이 문제로 오락가락 할 것이다. 오늘날 한국사회가 불완전하기 때문에 이런 문제가 많이 생긴다. 크리스천 청년은 "이것은 불법이라고" 사장에게 보고하여 개선되도록 노력하는 것이 중요하다. 사장이 거절하고 사직시키면, 회사를 이직하는 것이 현명할 것이다.

* 전도관

크리스천 청년은 대학과 직장에서 잘 어울리며 인정받아야 한다. 직장 동료에게 전도한다고 모두 예수님을 영접하는 것은 아니다. 전도활동은 크리스천에게 매우 유익하며, 전도 대상자가 당장 믿지 않아도 복음을 전파하는 것이 중요하다. 직장생활에서 근무 중에 교회이야기부터 할 수 있다. 처음 전도할 때에 더욱 안타까운 심정은 크리스천보다도 하나님 자신이 갖고 있다. 직장생활에서 말로만 하는 전도보다는 평소에 행함과 질실함으로 하는 생활자세가 더욱 중요하다.

직장생활에서 복음을 잘 전파하기 위해서는 평소에 성숙한 신앙자세와 기도가 요구된다. 크리스천은 단지 하나님의 자녀로서 복음 전파를 위하여 책임을 완수해야 한다. 회사에서 "직장 복음화"라는 거시적인 목표도 필요하지만, 소수의 직장동료와 제자화모임을 하는 것도 효과적이다. 직장에서 전도는 성경공부, 신우회 활동 및 평신도 지도자 육성 등을 통해서 할 수 있다. 하나님의 소명의식을 갖고 직장생활에서 복음을 전파하는 진정한 평신도 전문선교사가 더욱 요구되는 세상에 살고 있다.

❀ 직업선택의 십계명

❶ 직업 결정전에 나의 천성과 장점, 능력을 잘 파악하자.
❷ 이 직업은 낮은 생활, 높은 정신을 실현하는, 더불어 사는 서민의 목표에 맞는 직업인가 생각해 보자.
❸ 준비는 길수록 좋다. 예수님께서는 3년의 공적 생애를 위해 30년을 준비했다.
❹ 학교는 직업 선택과 준비 기간으로 알되, 직업을 통해 일생 배우고 향상할 수 있어야 한다.
❺ 수입, 명예보다 이웃사랑의 실천도를 기준으로 하라.
❻ 내게 맞는 직업보다 우리 사회가 필요로 하는 직업이 무엇인가 찾아보라.
❼ 편한 곳보다 되도록 힘든 곳을 택하라. 그만한 가치가 분명히 있고 보람 있는 생활이 된다.
❽ 인생을 어떻게 살까 큰 틀을 생각하고 직업문제를 채우도록 하라.
❾ 남이 닦아 놓은 길보다 새로운 길을 개척하라.
❿ 직업에 귀천이 없다. 어떤 직업이고 사회의 발전에 공헌하고 하나님의 영광을 나타낼 수 있다.

❀ 빌게이츠의 인생충고 십계명

❶ 인생이란 원래 공평하지 못하다. 그런 현실에 대하여 불평을 생각하지 말고 받아들여라.
❷ 세상에서 너희들한테 기대하는 것은 네 스스로 만족하다고 느끼기 전에 무엇인가를 성취해서 보여줄 것을 기다리고 있다.
❸ 대학교육을 받지 않은 상태에서 연봉 4만 달러가 될 것이라 고는 상상하지 마라.

❹ 학교 선생님이 까다롭다고 생각하거든 사회에 나와서 직장상사의 진짜 까다로운 맛을 한번 느껴봐라.

❺ 햄버거 가게에서 일하는 것을 수치스럽게 생각하지마라. 너희 할아버지는 그 일을 기회라고 생각했다.

❻ 네 인생을 내가 망치고 있으면서 부모 탓을 하지마라. 불평만 일삼을 것이 아니라 잘못한 것에서 교훈을 얻어라.

❼ 학교는 승자와 패자를 뚜렷이 가리지 않을지 모른다. 그러나 사회현실은 이와 다르다는 것을 명심해라.

❽ 인생은 학기처럼 구분되어 있지도 않고 여름방학이라는 것은 아예 있지도 않다. 네가 스스로 알아서 하지 않으면 직장에서는 가르쳐 주지 않는다.

❾ TV는 현실이 아니다. 현실에서는 커피를 마셨으면 일을 시작하는 것이 옳다.

❿ 공부밖에 할 줄 모르는 "바보" 한테 잘 보여라. 사회에 나온 다음에는 아마 "그 바보" 밑에서 일하게 될지도 모른다.

올바른 인생관 및 인생목적

* 올바른 인생관

크리스천은 하나님 안에서 바른 인생관을 확립하고 인생을 살아야 한다. 성경에서 사도 바울은 예수님을 위해서 사는 올바르고 확고한 인생관을 갖고 살았다(롬 14:8). 바울은 인생관, 생활철학 및 삶의 지침의 근원을 예수님과 성경에 두었다. 바울은 예수님을 통하여 인생의 해답과 의미를 발견하고 인생을 가치 있게 살았다.

• 바울은 인생의 목표가 분명했다

그의 인생목표는 자신의 출세와 성공을 위해 살지 않고 예수님을 위하여 인생을 살았다(롬 14:8). 혹자는 바울을 미친 사람이라고 모욕할지 모르지만, 그의 인생관은 분명했다. 분명하고 견고한 인생의 목표가 있는 것은 대단히 중요하며 행복하다.

• 바울은 생사를 초월하는 삶을 살았다

바울은 살아도 주님을 위해 살고 죽어도 주님을 위해 죽는 다고 말했다(롬 14:8). 그는 살고 죽는 문제를 뛰어넘어서 살았다. 사람은 인생문제를 해결하지 못하고 생사를 초월할 수 없다. 삶의 문제가 해결되면 죽음의 문제도 풀리게 된다. 삶의 문제가 해결된 자는 생사를 초월하고 살거나 죽어도 좋다.

누구든지 자기 생명을 구하고자 하는 사람은 잃을 것이며 예수님과 복음을 위해 자기 생명을 버리는 자는 얻을 것이다(막 8:35). 자기 생명을 사랑하는 사람은 그 생명을 잃어버릴 것이며 이 세상에서 자기 생명을 미워하는 사람은 영원히 보존할 것이다(요 12:25).

• 바울은 예수님께 속한 삶을 가졌다

바울은 사나 죽으나 주의 것이라고 고백했다(롬 14:8). 이것은 바울 삶과 인생의 전부가 예수님의 것이라는 내용이다. 인생은 예수님께 속하며, 예수님은 인생의 주인이 되신다. 많은 사람들은 인생을 자기 것이라고 생각한다. 그래서 사람이 죽음을 맞이하면, 너무 원통함을 느낀다.

예수님이 인생의 주인이라고 믿는 사람은 평안과 자유 속에서 인생을 살아간다. 인생이 예수님께 속한 것을 알면 주님의 뜻에 순응하게 된다. 바울은 그리스도와 함께 십자가에 못 박혔다. 그러므로 이제 더 이상 바울이 사는 것이 아니라 그 안에 그리스도께서 사는 것이었다. 지금 바울이 육체 안에 사는 것은 자기를 사랑하셔서 그를 위해 자신의 몸을 내 주신 하나님의 아들을 믿는 믿음으로 사는 것이었다(갈 2:20).

• 바울은 예수님을 인생의 최고 가치로 삼았다

인간은 무엇인가를 가치로 인정하고 살아가는 존재이다. 바울은 예수 그리스도를 주로 인정하고 생명까지 바칠 수 있는 가장 큰 가치로 인정했다. 예수님은 어두움을 비추는 빛이며 절망을 내쫓는 인류의 소망이다. 예수님은 바울 인생에서 해답이며 전부였다. 바울의 간절한 기대와 희망은 그가 어떠한 일에서도 부끄러움을 당하지 않고 전과 같이 살든지 죽든지 언제나 그리스도를 높이는 것이었다(빌 1:20).

대학생 청년들은 부정적 혹은 긍정적인 자세를 가지고 인생을 살아간다. 부정적인 자세는 자신을 과소평가하고 미래에 대해 절망하면서 어두운 자포자기의 심정으로 살아간다. 그래서 낙심하고 위축되며 좌절감에 사로 잡혀 생활한다. 그러나 긍정적인 자세는 자기를 긍정적으로 바라본다. 긍정적인 사람은 하나님이 창조한 소중한 존재로서 주안에서 긍정적인 믿음을 소유한다. 긍정적인 인간은 자신을 능동적, 적극적으로 평가하고 소망과 용기가 있어 희망적인 생활을 영위한다. 인생살이에서 희망, 확신과 용기를 갖는 것은 대단히 중요하다. 긍정적인 사람은 삶의 의욕이 솟구치고, 미래에 대해서 낙관하며 무슨 일이나 할 수 있다고 믿는다. 하나님을 사랑하고 그분의 계획대로 부르심을 받은 사람들에게는 결국 모든 일이 유익하게 된다는 것을 우리는 알고 있다(롬 8:28).

크리스천의 가슴속에 소망의 등불, 확신과 용기가 있으면 어려운 역경과 고난도 극복할 수 있다(살전 1:3). 소망은 강한 용기와 새로운 의지를 가지고 고난을 뚫고 나아가는 것이다. 절망은 죽음에 이르는 병이나, 소망은 생명에 이르는 약이다. 그러므로 사람은 각자 지닌 인생관에 따라서 생활 자세와 태도가 달라진다.

허무주의자의 인생은 일장춘몽에 불과하여 삶의 보람과 의미도 없다. 허무주의자는 인생을 성실하고 가치 있게 살지 않는다. 되는 대로 살고 아무렇게나 행동한다. 이런 사람은 무기력, 무책임, 무관심 및 무계획한 삶을 영위한다. 이상주의자는 "인생은 이상을 추구하는 존재"라고 본다. 그에게 인생은 결코 허무한 것이 아니며, 개인에게 부여된 생애를 하나의 아름다운 작품으로 만든다. 이상주의자는 성실한 자세로 신의와 책임을 지키면서 높은 곳을 향해 끊임없이 노력한다. 이상주의자는 인생을 열심히 살아가며 확고한 원칙을 갖고 생활한다.

사람의 인생관은 삶의 방향과 태도를 결정한다. 오늘날 미국이 번영과 부강의 상징이 되고, 세계적인 초강대국이 된 것은 미국민이 청교도적 개척자의 인생관을 가졌기 때문이다. 인생관은 개인의 정신적 지주, 마음의 대들보 및 생활의 뿌리이다. 사람이 행복하려면 그 사람의 인생관이 올바로 정립돼야 한다. 사람의 인생관이 건전하고 착실하면, 개인과 사회도 발전하고 행복한 인생을 보낼 수 있다.

바람직한 인생목적

인생의 목적이 없으면 인생은 무척 허무하고 삶 자체가 매우 괴롭다. 청년의 인생여정에는 많은 고난, 시련과 역경들이 발생할 수 있다. 인생의 고난을 단순히 겪어야 한다면 인생은 감당할 수 없는 삶이 된다. 그러나 삶의 의미와 목적을 발견하면 인생자체는 아주 새롭게 달라진다. 예를 들면 산모, 시험응시자, 직장의 승진대기자들은 겪는 고통과 괴로움에 대한 의미와 목적을 안다. 이 때문에 그에 따르는 어려움을 감당한다. 바울이 힘든 고통들을 감내했던 것은 하나님과 화목하고, 다른 사람들을 하나님과 화목하게 만드는 일이었다. 오히려 바울과 동역자들은 당당히 나아가서 고난을 기쁘게 감당했다. 이것은 그들의 마음속에 하나님의 일과 자신들의 삶에 대한 분명한 삶의 의미와 목적을 가졌기 때문이다.

관광지에 있는 호텔 방은 같은 평수라도 전망과 위치에 따라 숙박요금에 차이가 있다. 사람들의 인생도 마찬가지다. 조지오웰은 천재였으나, 부정적인 인생관으로 생긴 우울증과 폐결핵으로 젊은 나이에 사망했다. 그러나 엘리너 루스벨트는 어릴 때 고아가 되었으나 미국의 역대 대통령 부인들 가운데 가장 호감이 가는 여성으로 선택되었다. 사람은 어떤 인생관을 갖느냐에 따라 인생의 결과가 크게 달라진다.

세상에서 가장 중요한 것이 무엇이며, 한 번의 존귀한 생애를 어떻게 살아야 하는가? 헬라의 유명한 철학자이며 종교가인 피타고라스는 "인생목적을 바로 가르쳐 주는 것이 가장 중요하다."고 말했다. 사람은 단순히 사는 것보다 바로 사는 것이 매우 중요하다. 다시 말해 오랫동안 살기보다는 오히려 어떻게 무엇을 행하며 사는 것이 무척 소중하다. 대학생 청년들이 고귀한 인생을 살려면 올바르고 확고한 인생관과 가치관을 확립하는 것이 당연하다. 인생관이 올바른 사람은 초지일관된 행동, 백절불굴의 태도, 칠전팔기의 의지를 갖고 인생을 살아간다.

• 하나님의 영광을 위해 살라

인간의 제일 목적은 하나님을 영화롭게 하는 것이다. 하나님을 기쁘시게 하고 그의 영광을 위하여 살아갈 때 가장 행복하다. 하나님은 이것을 기뻐하시고, 하나님의 놀라운 은총과 축복을 누리게 된다. 대학생 청년은 가정, 교회, 직장 및 사회생활에서 하나님의 영광을 위하여 일해야 한다. 모세가 하나님 말씀대로 성막을 완성했을 때, 여호와의 영광이 성막에 가득했다(출 40:34~35). 다윗이 제사장들을 스스로 정결케 하고 모든 악기와 소리로 여호와를 찬송할 때, 여호와의 영광이 하나님 전에 가득했다(대하 5:11~14). 하나님은 작은 일에 충성하는 자를 기뻐하고 더 많은 축복을 주신다(마 25:21). 하나님께서 기뻐하시는 일만 하면 하나님께 영광을 돌리는 것이다(요 8:29).

• 사람과 교회 일을 방해하지 말라

가장 중요한 크리스천 삶의 목적과 행동원리는 하나님의 영광을 위한 것이며, 남을 실족케 해서는 안된다. 크리스천은 모든 사람에게 거친 돌이 되지 말아야 한다(고전 10:32). 대학생 청년은 인간관계나 사회생활에서 방해자가 되어서는 안된다. 특히 하나님의 교회에 거치는 돌이 되어서는 안 된다. 이것은 하나님의 구원사역에 큰 지장을 초래하기 때문이다.

영국에서 지적인 한 여성이 평론가 토마스 카알라일에게 '선생님, 인생의 목적이 무엇인가요?' 라고 물었다. 카알라일은 질문자의 교만한 마음을 짐작하고 '당신이 만일 인생의 목적이 무엇인가를 알려거든 지금 당장 돌아가서 바느질 그릇부터 정리하시오' 라고 대답했다. 당장 눈앞에 있는 일을 게을리 하고, 쓸데없이 큰 것을 바라는 사람은 인생의 목적이 무엇이며, 인생의 진실한 의미가 어디에 있는지 알지 못한다.

• 모든 사람을 구원시키려고 기쁨과 유익을 주어라

바울은 이기주의자가 아니라 이타주의적인 삶을 살았다. 그는 모든 사람을 구원시키기 위하여 모든 일에 다른 사람을 기쁘게 하고, 다른 사람의 유익을 구했다(고전 10:33). 다른 사람에게 유익을 주는 가장 큰 이유는 그들이 구원을 받는 데 있다. 바울은 다른 사람을 구원시키기 위하여 전도하며 자신을 헌신했다(고전 9:22~23).

• 거듭난 사람으로 새나라 및 역사를 건설하라

새로 거듭난 사람은 생각이 새로운 사람이고 낡은 사람은 생각이 낡은 사람이다. 즉 사람이 새롭고 낡았다 하는 기준은 생각에 달려 있다. 인색한 사람은 언제나 비용부터 먼저 생각하는 자이다. 그가 말로는 와서 먹으라고 하지만, 실제 그의 속마음은 그렇지 않다(잠 23:7). 따라서 사람이 변화되려면 그 사람의 생각이 바뀌어야 한다. 크리스천 대학생 청년들은 하나님의 은총으로 세상에 나왔다(엡 2:8~9). 인간의 생명은 하나님께서 주신 특별한 선물이다. 사람의 생명은 세상에서 무엇보다 가장 소중하다. 귀중한 생명을 "우리는 어떻게 살아야 하나?" 하는 것은 정말 중요한 과제이다.

헬라의 비극 시인 소포클레스는 "인간에게 최선은 이 세상에 출생하지 않는 것이며, 차선은 하루 속히 죽는 것이다"라고 말했다. 인간의 생명을 부정적 혹은 허무적으로 생각하는 것은 정말 불행하다. 이런 인간은 자신을 업신여기고 자기를 포기하며 학대한다. 이들은 인생을 되는 대로 살고, 스스로 타락, 저주와 불행의 구덩이 속에 빠지게 된다.

따라서 크리스천 대학생 청년은 긍정적이며 창조적인 생명관을 가져야 한다. 자기가 이 세상에 태어난 것을 하나님의 축복으로 감사하게 여기고, 지혜, 정성과 능력을 다해서 성실하게 살아야 한다. 사람이 온 세상을 얻고도 자기 목숨을 잃거나 빼앗긴다면 아무 소용이 없다(마 16:26; 눅 9:25). 예수님은 온 천하보다도 인간의 생명 가치를 더욱 높이 귀중히 보셨다. 인간의 생명은 무한한 잠재력과 놀라운 가능성을 가지고 있다.

• 재능과 은사를 최대한 키우고 발전시켜라

달란트 비유를 보면, 다섯 달란트와 두 달란드 받았던 사람은 장사해서 남겼다. 한 달란트의 소유자는 가서 땅에 구덩이를 파고 주인의 돈을 감춰 두었다(마 25:15~18). 산속의 금맥도 캐내야 그 빛과 값을 나타낸다. 인간은 하나님의 형상대로 만들어진 하나님의 피조물이며, 그 안에 빛과 힘을 가지고 있다.

위대한 인간은 하나님께로부터 받은 빛과 힘을 마음껏 발휘한 사람들이다. 땅에 떨어진 씨앗이 아름답게 꽃이 피고 풍성한 열매를 맺도록 하려면 씨앗을 정성껏 돌보고 부지런히 가꾸어야 한다. 하나님이 주신 은사도 하나님의 영광을 위하여 활용해야 한다. 발명왕 에디슨은 "천재는 99퍼센트의 땀과 1퍼센트의 영감으로 구성된다"고 이야기했다. 천재는 끊임없는 노력과 피땀 흘린 수련의 산물이다. 꾸준히 노력하는 자만이 향상 발전하고 전진한다.

• 하나님 부르심의 상을 향해 달려가라

크리스천은 그리스도 예수 안에서 하나님께서 위에서 부르신 그 부르심의 상을 위해 푯대를 향해서 달려야 한다(빌 3:14). 사람은 일평생을 열심히 살았으나 헛된 삶을 살 수 있다. 하나님이 인간을 먹고 마시고 즐기라고 만든 것이 아니다. 스펜서는 "인생은 석재다. 거기에 하나님의 모습을 조각하든지, 아니면 악마 모습을 조각하든지 그것은 자유이다."라고 말했다.

예수님은 "세상에서 어떻게 살아야 하나?"라는 질문에 쉽고 명확하게 가르쳤다. 아직도 인생을 모르면 예수님을 만나서 그분께 질문해야 한다. 인생의 문제는 가장 쉬우면서도 가장 어렵고 심오하다. 인간이면서 인간답지 못하게 사는 자들이 의외로 많다.

❀ 크리스천의 인생 목적

❶ 하나님의 영광을 위하여 살아가라.

❷ 사람과 교회 일을 방해하지 말라.

❸ 모든 사람을 구원시키려고 기쁨과 용기를 주어라.

❹ 거듭난 사람으로 새 나라와 역사를 건설하라.

❺ 재능과 은사를 최대한 기르고 발전시켜라.

❻ 하나님이 부르신 부름의 상을 얻으려고 목표를 향해 달려라.

다시 생각하기 !

질문 1 직업은 무엇이라고 생각하며, 특히 크리스천에게 직업은 왜 소중한가?

질문 2 성서적으로 직업은 무슨 의미가 있고, 크리스천 대학생 청년들에게 요구되는 성경적인 직업관은 무엇이라고 생각하는가?

질문 3 크리스천 청년들이 갖고 있는 직업관에는 무슨 종류들이 있으며, 각 유형별 중요한 내용들은 무엇인가?

질문 4 크리스천 청년들에게 일과 직장은 무슨 의미가 있으며, 그들은 인생 동안 무슨 직업으로 살아가는 것이 좋은가?

질문 5 크리스천 청년들이 일평생 동안 추구해야할 바람직한 인생의 목적들은 무엇이라고 생각하는가?

질문 6 크리스천 청년들이 하나님의 영광을 드러내기 위하여 이 사회에서 가져야할 올바른 인생관은 무엇인가?

Chapter 11.

희망찬 사회생활의 도전

- 문제제기와 청년의 현실
- 현실적인 삶에 대한 이해
- 문제 해결을 위한 제언
- 행복 · 희망 모임의 조성

보라 내가 너희를 보냄이 양을 이리 가운데 보냄과 같도다. 그러므로 너희는 뱀 같이 지혜롭고 비둘기 같이 순결하라. - 마태복음 10:16

고통은 인간을 생각하게 만든다. 사고는 인간을 현명하게 만든다. 지혜는 인간을 견딜 만한 것으로 만든다. - J. 패트릭

Chapter 11

희망찬 사회생활의 도전

문제제기와 청년의 현실

문제 제기

오늘날 한국교회의 전체 크리스천 중에서 청년층이 감소하고 있다. 많은 청년 직장인들이 직장 및 사회에서 겪는 문제들에 대해 성경적인 대응능력이 적어지며 구체적인 해결대안도 미흡하다. 그들은 신앙생활과 사회생활 사이의 이원론적 삶을 극복하지 못하고 있다. 이러한 삶이 계속된다면, 신앙적인 역동성은 사라지고 명목상의 크리스천으로 남게 된다.

대학에서 상당수의 크리스천 학생들이 선교단체에서 활동하고 졸업 후 사회에 진출한다. 그러나 현실사회에서 대학시절의 생각처럼 성숙한 믿음의 생활을 영위하지 못한다. 직장생활을 하는 세속사회에서 본질적인 믿음마저도 저버린다. 이런 현상을 단순히 개인 신앙의 탓으로 돌리는 것은 바람직스럽지 못하다. 오히려 한국교계가 관심을 가져야할 시급한 과제이다.

* 크리스천 청년의 사회 현실

오늘날 크리스천 청년들은 교회와 사회생활에서 이중적 긴장감을 갖고 살아간다. 대부분의 청년들은 교회에서 교사, 성가대원, 청년회원 등으로 봉사하며 신앙이 성장한다. 그러나 상당수의 청년들은 교인으로 정체감을 느끼거나, 최소한의 헌신행위로 생각하며 교회에서 봉사한다. 대다수 청년들은 주일날 단순히 예배에 참석하는 것으로 크리스천의 명맥을 유지한다. 그 결과로 크리스천으로서 삶과 세상에 순영향을 미치지 못하며, 일상생활에서도 빛과 소금의 역할을 하지 못한다.

또 다른 긴장감은 대학 졸업 후 크리스천 청년들은 새로운 사회환경에 직면하게 된다. 그들에게는 직장선택, 결혼준비 등 인생의 중요한 선택들이 놓여 있다. 대학생활의 끈끈한 공동체에서 사회경제적으로 독립생활과 경쟁이 치열한 현실적인 생존사회에 진입한다. 직장선택에 따라 새로운 지역에 이사하여 생활한다. 그러한 경우에 정서적 어려움과 문화적인 충격도 경험한다. 따라서 크리스천 청년들은 현실적인 삶의 실존에서 부딪히는 어려움을 자기 신앙으로 극복해야 한다. 한국 기독교계나 기독공동체도 사회 초년병인 크리스천 청년들에게 바른 신앙적 환경과 교훈을 제공하는 것이 중요하다.

현실적인 삶에 대한 이해

오늘날 사회 초년병인 청년들은 일상의 모습, 자신의 관심사, 생애목표, 이중적 가치관에 연관되어 있다. 그들은 사회에서 부딪히는 실제적인 삶의 현실을 더욱 이해하는 것이 중요하다.

• 청년들은 자기 삶과 일의 질보다 주어진 환경을 따라가는 경향이다

크리스천 청년들은 암기식 공부로 고교시절을 지냈다. 취업준비로 대학생활을 보내서 자기적성보다는 커다란 직장에 취직하여 구성원으로 생활한다. 자기 삶의 질과 노동 가치에 대하여 생각하지 못하며, 노동의 대가로 금전적 보상만 생각한다. 그래서 업무 내용과 질 보다는 상대적으로 보수가 많은 일에 몰두한다. 자신이 하는 일이나 삶에 대한 생각 없이 주어진 현실을 따라가기에 분주하다.

그 결과, 의미가 있고 어려운 일을 기피하는 경향이다. 단순히 주어진 일에만 기계적으로 반응하여 생각할 여유가 없다. 사회에서 삶의 여유나 창조성을 느끼지 못하면서 생활한다. 실제로 크리스천 신입사원들의 이직률이 높은 것은 사회 현실과 이상 사이의 괴리를 극복하지 못했기 때문이다.

• 청년들의 관심사는 보수, 결혼과 명예가 대부분이다

결혼, 보수 및 명예 문제는 크리스천 청년들이 교회나 기독교 단체에서 실제로 나눈 것보다 심각하다. 크리스천 청년들은 직장에서 단순히 음주와 흡연 문제만 해결되면, 크리스천으로서 경건한 신앙생활을 한다고 생각할 수 있다. 그러나 술과 담배는 크리스천 청년들이 직장에서 고민하는 극히 일부분에 불과하다. 이것보다 크리스천 청년들이 거부하기 곤란한 힘든 숨은 요인들이 많다. 즉 물질주의에 사로잡힌 황금만능주의, 쾌락주의, 승진을 추구하는 성공주의로 직장에서 경쟁 및 비인간적인 관계들과 싸워야 한다. 남성 직장인들의 대화를 보면, 여자나 비윤리적인 성관계 이야기가 많다. 이런 상황에서 크리스천 직장인이 순결을 유지하는 것은 힘들며 고지식하다고 따돌림을 받는다.

남성보다 힘든 상태에서 치열한 경쟁을 통과한 여성 직장인은 남성에 비해 부당하게 취급받는 경우도 있다. 여성들은 교회나 선교단체에서 남성들과 동등하게 취급받는 문화가 남성위주의 직장문화에서 심각한 정체성의 위기를 느낀다. 직장여성은 결혼으로 직장과 가정의 기로에서 선택의 압력을 받는다. 크리스천 직장여성들은 교회에서 결혼 적령기의 남녀 비율이 맞지 않아 크리스천 청년을 만나기가 쉽지 않다. 그래서 주변의 압력으로 비기독 청년과 결혼하는 경우도 발생한다. 그런 과정에서 예수님이 삶의 주관자인 성경적인 인생관도 흔들린다. 또는 세상조건을 갖춘 남성 청년을 만나기 위하여 기다린다. 요즈음은 여러 가지 이유로 독신생활을 하는 젊은 여성들이 남성들보다 많다. 이때 경제적인 자립이 곤란한 전문 직업이 없는 여성은 장래에 심각한 불안감을 느낀다.

노동관에 대한 바른 성서적인 이해도 부족하다. 단순히 교회에 헌금을 많이 내는 것이 신앙성숙의 결과라 생각할 수 있다. 헌금이 올바른 노동의 결과로 얻어진 정직한 재물인지 살펴봐야 한다. 진정한 노동의 의미, 올바른 재물사용, 노동을 통한 섬김, 일과 휴식의 관계, 승진의 성경적 이해 및 정체성 등에 대한 충분한 이해가 더욱 중요하다.

• 크리스천 청년에게 교회와 직장 목표가 다르다

크리스천 청년이 지향하는 교회와 신앙목표는 장기적이고 추상적이다. 그러나 세상목표는 구체적이고 단기적이다. 청년들은 직장에서 예측된 목표와 결과를 놓고 정해진 기간 내에 업무를 처리한다. 그런데 교회는 추상적으로 신앙을 설명하거나 비현실적인 제안을 하는 것으로 보인다. 따라서 신앙생활의 원리는 제시되지만, 구체적으로 생활과 관련된 요소는 보여주지 못하고 있다. 그 결과 성숙한 믿음생활을 도모하려는 구체적인 노력은 적어지며 형식적인 교회생활만 남게 된다. 따라서 크리스천 청년들 사이에 교회생활과 사회생활 간에 극단적인 이원론적 삶이 팽배하다. 그들은 교회생활과 개인생활을 별개로 생각하는 경향이 있다.

오늘날 개인주의와 이기주의가 팽배한 시대에 교회 공동체성은 점차 사라지고 있다. 교회에서 청년모임은 대부분 추상적인 신앙원리만을 반복하여 가르친다. 이제는 크리스천 청년들이 사회생활 현장에서 부딪히는 구체적인 문제에 대하여 성경적 원리와 대응방안을 보여줘야 한다. 그래서 그들이 사회현장에서 창조적으로 대응할 수 있는 자생력을 길러야 한다.

• 크리스천 청년들의 양심과 소신의 문제이다

사회 초년병인 크리스천 청년들은 가치의 충돌, 흑백논리, 대안의 선택, 명문과 실리 등의 문제가 생길 때 어려움을 겪는다. 많은 크리스천 직장인들은 신앙적 양심과 현실적인 사회요구 사이에서 갈등한다. 이에 대한 구체적인 판단기준을 세우지 못하거나, 이중적인 가치사이에서 고민한다.

직장에는 이중장부를 쓰거나 탈세 등 회색지대에 속하는 문제가 많다. 예를 들면, 증권회사에 근무하는 크리스천 청년은 주식정보로 고객보다는 우선 자기회사에 유리하게 주식을 관리할 수 있다. 대부분의 직장인들은 이런 갈등을 긍정적으로 표출하고 해결책을 강구하기 보다는 사표제출이나 무관심으로 보내는 경우가 많다. 크리스천 청년들은 생활현장에서 신앙을 가지고 있다. 이 때문에 양심의 갈등을 창조적으로 해결하는 방법과 대안마련에 관심을 기울려야 한다.

❀ 크리스천 청년의 삶에 대한 이해

❶ 청년 직장인은 자신의 삶이나 일의 질보다 주어진 환경을 따라가는 경향이다.

❷ 청년 직장인의 실제적인 관심사는 보수, 결혼과 명예가 대부분이다.

❸ 크리스천 청년들이 교회에서 요구하는 목표와 직장에서 추구하는 목표가 서로 다르다.

❹ 크리스천 청년들의 양심과 소신의 문제이다.

문제 해결을 위한 제언

* 새로운 상황에 적응

대학 졸업 후 사회현실에 잘 적응하는 것이 나머지 인생의 삶, 질과 형식을 결정하는 데 중요한 역할을 한다. 새로운 직장에서 겪게 되는 정서적, 문화적인 충격을 잘 극복해야 한다. 그러지 못하면 세상에 동화되거나 세상과 분리된 생활을 한다.

사실상 졸업 후 새로운 사회현실에 대학 준비는 대학시절부터 시작하는 것이 좋다. 대학시절 단지 크리스천공동체 활동에만 몰두하면 세상과 단절하고 세상에 나갈 준비에 소홀하다. 대학의 기독단체에서도 세상의 삶을 준비하는 훈련이 필요하다. 그리고 세상 속에 들어가기 위해서 자신을 신앙적으로 더욱 무장하는 신앙훈련도 중요하다. 따라서 대학의 기독공동체 프로그램에서 사회에 대한 이해와 접근을 시도해야 한다. 이 문제에 대하여 대학 기독공동체의 지도자들의 사고전환이 중요하다. 대학의 기독공동체가 대학생에게 사회에서 크리스천으로 리더십을 발휘할 수 있도록 여유와 공간을 제공하고 훈련시켜야 한다.

사회 초년병인 크리스천 청년들에게 사회 현실과 크리스천 청년의 역할에 대한 일종의 오리엔테이션이 요구된다. 이러한 훈련과정에 참여, 관련 서적의 독서, 성숙한 크리스천 선배와의 대화, 동료 모임을 통하여 배울 수 있다. 취업 때문에 낯선 지역에 가게 되면, 인근의 교회나 직장신우회에 참여하는 것도 좋은 방안이다.

경건한 신앙생활의 유지

새 직장에 나가면 업무부담, 시간사용의 어려움, 낯선 환경과 육체적 피로 등으로 개인적인 경건생활을 중단할 수 있다. 무엇보다도 개인적 혹은 공동체적으로 하나님과의 관계를 유지하도록 노력해야 한다. 마음만 있다고 경건에 이르는 훈련이 지속되는 것은 아니다. 무엇보다도 형식적인 경건의 시간(QT)을 탈피하고 구체적이고 실존적으로 하나님과 관계를 유지해야 한다.

QT를 장시간 할 수 있는 시간적 여유가 적으므로 짧은 시간이라도 정신을 집중하는 시간확보가 필요하다. 직장에서 점심 혹은 휴식시간에 짧은 시간을 이용할 수 있는 QT 교재도 한 방법이다. 아침에 일찍 출근하여 조용하게 경건의 시간을 갖는다. 출퇴근 시에 성구 암송카드를 이용하여 묵상할 필요가 있다. 기독신우회나 공동체에서 소모임을 만들어 상호 대화하면서 격려하고 기도하는 모임도 좋은 방법이다.

이성교제와 결혼

사회 초년병인 크리스천 청년들의 가장 큰 관심사는 이성교제와 결혼이다. 결혼은 일생을 좌우하는 가장 중요한 인생사이다. 이성교제 시 우선 개인이 한 인격체로서 성숙하고 독립된 모습을 가져야 한다. 결혼을 전제로 이성교제에 들어가기 전에 기독공동체에서 성경적 결혼관을 배우거나, 결혼준비 세미나에 참여하는 것도 필요하다. 혼인 전에는 결혼가정을 방문하여 자연스럽게 크리스천 선배 혹은 친우의 도움을 받을 필요가 있다.

결혼생활은 장미 빛 낭만과 이상적인 꿈만으로 이루어지는 것이 아니다. 결혼 생활은 실제적이며 현실적인 일상생활의 연속이다. 결혼생활은 하나님 안에서 부부 간 희생, 섬김, 사랑과 신뢰의 관계를 통하여 행복하고 성숙해진다. 결혼 초기에 경험하는 어려움과 환경변화를 잘 극복하도록 교회에서 도와줘야 한다. 이를 테면 인근지역에 사는 크리스천 청년부부 소모임을 만들어 서로 교제하고 격려한다. 교회 안에서 크리스천 청년들이 겪는 어려움을 잘 파악하고 상담하여 성숙한 결혼생활을 하도록 도와준다. 이러한 것은 이성교제와 결혼 세미나, 결혼 예비학교 및 관련 프로그램을 통하여 기독 공동체나 교회에서 수행해야 한다.

* 직장생활의 이해와 적응

크리스천에게 직업은 주어진 은사에 따라 적절한 일을 선택하여 하나님의 문화명령을 이루어 가는 길이다. 크리스천 청년들은 직장은 부업과 세상일이고, 전도가 주업과 하나님 일이라는 이원론적인 사고를 버려야 한다. 크리스천 청년들은 성서적인 직업관을 갖고 직장에서 노동을 통한 봉사로 이웃에게 참된 유익을 주어야 한다. 그리고 일과 신앙을 통합하며 직장 동료와 지인들에게 복음을 전파하는 성경적인 직업관을 가져야 한다. 크리스천 직장인들은 노동은 전문적인 근로를 통한 이웃에 대한 봉사와 바른 물질의 사용이라고 이해해야 한다. 그래서 크리스천 청년들이 성경적인 삶의 표준을 배우는 훈련이 필요하다.

자신의 전문 영역에서 이웃과 하나님을 섬기기 위하여 직업 또는 영역별 소모임을 구성하는 것도 좋다. 예를 들면, 교사, 간호사, 교수, 약사, 의사, 금융인, 변호사, 예술인 등 직종별로 모임을 구성한다. 개별 교회에서 구성하기 어려우면, 초교파적인 직업별 모임도 좋은 대안이다. 직업별 모임을 통한 선교전략은 직장인의 신앙성장과 직장복음화 사역에 매우 효과적이다.

오늘날 청년실업은 젊은이들이 당면하는 가장 심각한 사회문제이다. 크리스천 청년들이 은둔과 방황의 시간을 보내기 보다는 자신을 적극적으로 드러내야 한다. 기독공동체도 청년에게 관심을 갖고 그들이 건강하게 일상적인 신앙생활을 하도록 도와줘야 한다. 청년들이 실업기간을 무의미하게 보내며 취업문제에 너무 매달리는 것은 좋지 않다. 취업준비 기간을 자기개발 혹은 자원봉사를 위해 사용한다. 이것은 자신을 인격적, 사회적으로 성숙하게 만드는 기회가 된다. 이러한 인생의 과정을 통하여 자신에게 매우 보람 있고 의미 있는 시간을 경험한다.

사회적 책임의 수행

크리스천 청년들은 사회와 역사에 책임 있는 주체로서 빛과 소금의 사명을 감당해야 한다. 이것은 개인은 물론 사회적인 차원에서 동시에 발생해야 한다. 크리스천 청년들은 기존 신앙단체 혹은 교회의 특정단체와 협력하여 특정문제에 대한 개선방안을 제시한다. 이로써 사회책임의 한 부문을 감당할 필요가 있다. 1980-1990년대에 우리사회에서 크리스천을 중심으로 많은 사회운동이 일어났다. 이것은 복음 전파와 한국사회의 건강성을 회복하는 데 기여하였다.

그러나 2000년대에 들어 세속주의, 성장주의 및 개인주의가 더욱 확산되어 크리스천의 사회적 책임성은 무척 약화되고 있다. 세상 속에 살아가는 크리스천들이 한국사회에 하나님의 공의를 실현하기 위해서 앞장 서는 것은 당연하다.

크리스천들이 말과 혀로만 사랑과 정의를 외치지만, 실제로 사랑과 공의를 이루는 데 참여하는 것은 극히 드물다. 최근에 한국사회에서 종교선호도 조사를 보면 개신교가 최하위로 나타났다. 보통 비기독인들에게 크리스천은 사회문제에 관심이 적고 개인적, 종교적인 기복신앙에 몰두하는 폐쇄집단으로 보여 질 수 있다. 크리스천 청년들도 예수님의 진정한 삶을 본받은 나눔과 섬김의 생활자세보다는 성취와 물질주의적 신앙생활에 관심이 많다.

하나님은 성도에게 "더 나은 삶이 아니라 온전한 삶을 추구하라."고 명하신다. 그것은 크리스천이 스스로 경건하다고 생각하는 것이 아니다. 오히려 하나님 앞에서 정결하고 깨끗한 경건은 개인문제는 물론, 자신보다 어렵고 힘든 자들을 돌보는 가운데서 진정한 영성이 회복된다(약 1:27; 눅 12:48). 대학을 졸업한 크리스천 청년들은 그 어느 시대의 크리스천들보다 많은 것을 배우고 사회적인 혜택도 누렸다. 크리스천 청년들이 하나님의 은혜와 은사를 이웃과 함께 나눌 때, 하나님의 역사와 축복은 지속되며 하나님의 심판 대상이 되지 않는다.

최근에 한국 교계에 치유 및 상담사역이 많이 일어나고 있다. 이것은 물질적 빈곤 보다는 역기능 가정과 복잡한 현실 속에서 정신적 어려움을 가진 청년들이 많기 때문이다. 크리스천 청년들은 자신보다 힘들고 어려운 사람들이 더 많다. 진정한 치유는 자신의 문제에 집착하기 보다는 자신보다 어려운 사람을 돕는 가운데서 생겨난다. 자신의 소박한 삶을 힘든 이웃을 위해 나눌 때, 하나님의 은혜와 진정한 치유가 발생한다. 현재 한국 교회나 기독공동체는 크리스천 청년들이 하향적인 삶을 살 수 있는 여지를 충분히 제공하지 못하고 있다. 교회나 기독 공동체가 조금만 관심을 기울이면 청년들이 가진 은사와 열정으로 구체적으로 이웃을 돌보는 사랑의 사역과 삶을 영위하도록 도울 수 있다.

크리스천 청년 각자도 개인생활에서 공의와 사랑을 실천하는 영역을 확보하는 것이 중요하다. 처음에는 이런 일이 다소 막연하게 생각될 수 있다. 그래서 크리스천 청년 각자 구체적인 이웃사랑의 방법을 강구하는 것이 필요하다. 우리 사회에는 크리스천 청년들의 도움이 필요한 영역이 많다. 도움이 필요한 장소와 방법에 대한 정보도 쉽게 수집가능하다. 따라서 크리스천 청년의 사회봉사는 관심과 크리스천의 삶의 문제이지 방법론의 문제가 아니다. 청년 혼자 사회적 책임을 감당하는 시도는 힘들다. 이러한 경우에, 청년이 속한 기독공동체나 소모임에서 같은 마음을 가진 사람이 함께 시작하는 것도 좋은 방편이다.

행복 · 희망 모임의 조성

모임의 개요

크리스천 청년모임을 만들기 위하여 우선 기도로 준비하고 성령의 인도를 받아야 한다. 모임의 주관자는 구체적으로 준비하고 실제 크리스천 청년들의 모임에서 이루어지는 대화 및 훈련내용을 마련할 필요가 있다. 그러한 실제적인 모임에는 다섯 가지 정도의 중요한 요소들이 포함되고 있다. 모임에는 메시지 중심(설교, 성경공부,

기도회 등), 생활중심(노동 의미, 직장내 갈등, 윤리, 생활주제 등), 재창조 중심(휴식, 치유, 문제상담 등), 관계 중심(직장 전도, 교제, 야유회, 공동체 놀이), 섬김 중심(선교후원, 가난한자 돌봄, 장학금 마련, 특정 운동의 참여)의 요소들을 골고루 안배하는 것이 좋다. 직장이나 사회의 분위기를 배제한 획일화되고 전통적인 모임은 바람직스럽지 못하다. 이 보다는 크리스천 직장인이 쉽게 마음을 열고 직장 동료도 자연스럽게 초대할 수 있는 개방적인 크리스천 청년모임은 전도에 무척 효과적이다. 전형적인 교회청년회의 모임형태를 고집하는 것보다 유연하고 개방적인 모임으로 청년층에 쉽게 접근하는 전략도 좋다.

* 청년 · 직장인 프로그램의 예시

청년 · 직장인 프로그램을 10주 정도의 예로 구상할 수 있다. 1부에는 삶과 신앙을 주제로, 2부에는 핵심적인 성경주제를 중심으로 구성한다. 우선 제1부에 필요한 "삶과 신앙"을 주제로 모임의 프로그램을 예시하고자 한다.

1주차: 무엇을 위한 만남인가?(예배, 영성, 교제)
2주차: 뒤돌아보는 삶(삶, 노동, 직업)
3주차: 여자 · 남자는 무엇으로 사는가?(여성과 직장, 삶, 인간관계)
4주차: 양심인가, 소신인가?(이중적 자세의 충돌)
5주차: 전도는 삶인가, 선포인가?(직장전도)
6주차: 자연은 하나님의 선물이다(야유회, MT)
7주차: 순간의 선택이 평생을...(결혼, 가정)
8주차: 하나님! 나를 고치소서(치유, 갈등해결)
9주차: 세상을 위해 무엇을 해야 하는가?(이웃사랑, 봉사의 생활)
10주차: 내일을 위한 헌신(교제, 식사, 헌신)

각 주제는 설교나 외부강사의 강의, 혹은 자체적으로 준비한 세미나 형식으로 진행한다. 동일한 주제라도 강사들이 조금 더 창조적인 관심을 기울이면, 많은 청년들의 호감을 불러온다. 이런 모임들은 청년들이 삶의 현장에서 부딪치는 현실문제에 대하여 실제적이고 성경적인 해결책을 제시할 수 있다. 모임의 내용준비도 전부 성직자 또는 외부 강사에게 의뢰하는 것보다 구성원들이 평소 고민했던 내용을 정리하여 나누는 것도 필요하다. 주제에 대한 성경적인 원리나 이론적이며 구체적인 지식은 이미 출판되어 있는 기독서적을 활용한다.

다시 생각하기!

질문 1 크리스천 대학생이 졸업 후 사회현실에서 직접 부딪히는 문제들은 무엇이며, 직장과 사회에서 실제로 어떻게 살아가고 있는가?

질문 2 크리스천 청년들은 오늘날 사회생활에서 실제적으로 삶의 현실을 어떻게 받아드리며, 이를 이해하며 어떻게 극복하려고 노력하는가?

질문 3 크리스천 청년들이 사회의 새로운 상황에 어떻게 잘 적응하며, 경건한 신앙생활을 잘 영위한다고 생각하는가?

질문 4 크리스천 청년들이 사회에서 무슨 자세를 가지고 이성교제를 하며, 실제적인 결혼생활의 현실에 대하여 어느 정도 알고 있는가?

질문 5 크리스천 청년들은 무슨 성경적 직업관 속에서 직장생활을 이해하고, 회사에서 지혜롭게 잘 적응하며 생활하는가?

질문 6 크리스천 청년들은 직장과 사회에서 어떻게 하나님의 빛과 소금의 역할을 감당하고 있는가?

질문 7 직장에서 무슨 소그룹을 만들고, 직장복음화 및 신앙성장을 위하여 무슨 모임과 활동을 구상하고 있는가?

기독교 정보 사이트

포털서비스

- 갓피플 http://www.godpeople.com
- 기독넷 http://www.kidok.net
- 호산나 http://www.hosanna.net

기독교 신문방송

- 국민일보 http://www.kukinews.com/mission2
- 기독교방송 CBS http://www.cbs.co.kr
- 기독교TV CTS http://www.cts.tv
- C3TV http://www.c3tv.com
- CGNTV http://www.cgntv.net

기독교 성경

- 다국어 홀리넷 http://www.holybible.or.kr
- C3TV 성경 http://bible.c3tv.com
- 대한성서공회 http://www.bskorea.or.kr

참고문헌

권석만, 인생의 2막 대학생활, 학지사, 2010.1.

김대진, 대학생활을 어떻게 시작할 것인가?, CBS 대구, 2010.

김병순, 통통통 대학생활 100, 소동, 2012.3.

김요한, 목자지성과 신앙이 균형 있게 발전하는 대학생활, 개혁 UBF, 명륜센터, 2002. 8.

김정주, 일어나 빛을 발하라, 출판사 : Korea.com, 2010.

김혜숙 역, 대학에서 배워야 할 것, 배우지 말아야 할 것, 와시다 고야타 저, 눈과 마음 출판사, 2003.

박득훈, 크리스천 대학생활의 성공원리, 2005.

배응준 역, 크리스천 생활백서, 규장, 2006.

손봉호, 그리스도인의 책임 있는 대학생활, 학원복음화협의회, 2005.

윤명선 역, 생각은 결과를 낳는다, 대로우 밀러 지음, 예수전도단, 2001.

신종호 역, 성공적인 대학생활: 학습과 시험전략, Eileen Tracy 지음, 시그마프레스(주), 2004.

유아현, 여대생 바이블, 미호, 2013.3.

윤형렬외 6인, 성공적인 대학생활, 배재대학교, 2010.

이재철, 청년아 울더라도 뿌려야 한다, 홍성사, 2008.

인하대학교, 학습전략가이드, 대학교육지원센터, 2011.

전남대학교, CNU 드림매뉴얼 : 열혈 청춘 필독서, 2011.

정봉현, 영혼육의 건강과 행복비결, 전남대학교출판부, 2011.

조계광 역, 일터 사역, 오스 힐먼 지음, 생명의 말씀사, 2011.

최대복, 너는 내 갈비뼈, 크리스천 청년을 위한 배우자 선택법, 생명의 말씀사, 2010.

한국대학생선교회, 삶의 중심에 서있는 젊음에게 : 대학생활 그 보람을 위한 7가지 메시지, 순출판사, 1991.

한국대학생선교회, CRU2-Smart Transition, 순출판사, 2011.

최규창 역, 졸업 그 이후, 리처드 램저, 한국기독학생출판부(IVP), 1998.

홍종락 역, 대학에서 크리스천으로 살아가기, 생명의 말씀사, 2002.

저자 소개

정봉현은 중앙대학교 학사, 서울대학교 석사 및 영국 셰필드대학교 박사를 취득하였다. KAIST · 국토연구원 · 해양수산개발원에서 근무하였고, 캐나다 토론토대학교, 워털루대학교, 미국 웨스트버지니아대학교 교환교수를 역임했다. 한국대학생선교회 (C.C.C.) 및 나사렛 형제들 순장, 서울 광림교회 · 광주 동명교회를 거쳐 안수집사로서 광주 새순교회에 출석하고 있다. 전남대학교 교수이며, 전문인 간사 · 선교사(C.C.C.) 및 크리스천 문필가로 활동하고 있다.

심고 거두며 빛을 발하라

인 쇄 | 2013년 6월 20일
발 행 | 2013년 6월 24일

저 자 정봉현
발행인 지병문
발행처 전남대학교출판부

등 록 1981년 5월 21일 제53호
주 소 500-757 광주광역시 북구 용봉로 77
전 화 062-530-0571~2
마케팅 062-530-0573
팩 스 062-530-0579
홈페이지 http://www.cnup.co.kr

값 10,000 원

ISBN 978-89-6849-023-1 (03370)